La buena vida

Esta obra resultó finalista del Premio Espiritualidad 2000, convocado por Ediciones Martínez Roca y fallado por un jurado compuesto por Pilar Cambra, Amalia Gómez, José Antonio Jáuregui, Juan Manzanera y Raúl M. Mir.

José Ramón Ayllón

La buena vida

Otra ética para la ciudadanía

mr · ediciones

Cubierta: Compañía de Diseño
Ilustración cubierta: Agencia Getty One

Primera edición: septiembre de 2000
Segunda impresión: noviembre de 2000
Tercera impresión: marzo de 2008

© 2000, José Ramón Ayllón
© 2000, Ediciones Martínez Roca, S. A.
Paseo de Recoletos, 4. 28001 Madrid
www.mrediciones.com
ISBN: 978-84-270-2599-8
Depósito legal: B. 18.134-2008
Preimpresión: J. A. Diseño Editorial, S. L.
Impresión: Book Print Digital, S. A.

Impreso en España – Printed in Spain

Índice

LA BUENA VIDA

No hacer nada.
Dormir la siesta a la sombra de una encina.
Pasear. Tumbarse a comer bellotas.
Respirar el aire de Jabugo...
El arte de la buena vida se aprende con el tiempo.
Y con nuestros cerdos hemos tenido 120 años
para llevarlo a la perfección.

Texto publicitario
Jamones CINCO JOTAS

1

Una propuesta ética

Nada es fácil en la vida. Ni siquiera la buena vida. Y menos en el hombre. Si la citada empresa porcina lo ha conseguido en poco más de un siglo, el ser humano lleva miles de años en el intento, y no puede cantar victoria. Bécquer reconoce ese fracaso con la misma abrumadora sencillez con la que Cinco Jotas expresa su éxito:

> *¡Qué hermoso es cuando hay sueño*
> *dormir bien... y roncar como un sochantre...*
> *y comer... y engordar... y qué desgracia*
> *que esto solo no baste!*

Agradecemos al hedonismo la rapidez con la que nos responde que la buena vida es el placer, pero ya se ve que las cosas no son tan sencillas. Hay acciones placenteras que pasan una enojosa factura, y muchas conductas profundamente buenas no están libres de dolores y desasosiegos. Pensemos, por ejemplo, en la paciente tarea de educar a los hijos, de aprobar un curso escolar, y en tantos otros trabajos. ¿Acaso las llamas son un placer para el bombero? ¿Es malo su trabajo por no ser placentero?

Aunque no nos ponemos de acuerdo sobre su contenido, la

buena vida es lo que todos queremos. Y esa aspiración que no se deja amordazar, tampoco podemos colmarla sin un conocimiento suficiente del ser humano. Sólo cuando sepamos lo que somos, sabremos también lo que nos conviene, lo que contribuye a nuestro desarrollo, aquello que nos envilece o ennoblece, lo que torna nuestra personalidad más rica o más pobre, lo que nos hace crecer o menguar en dignidad, lo que equilibra o desequilibra nuestra existencia. Con metáfora culinaria: sólo cuando conozcamos nuestros ingredientes podremos ensayar las recetas que hagan del vivir un manjar suculento o, al menos, digerible.

La reflexión sobre la buena vida no es nueva, porque la aspiración es tan antigua como el hombre. Casi toda la filosofía griega es un conjunto de propuestas sobre la felicidad individual y social. Para ello, los griegos buscan la solución a dos grandes problemas: cómo llevar las riendas de la propia conducta y cómo integrar las conductas individuales en un proyecto común. Con otras palabras: cómo lograr la excelencia en la persona y en la ciudad.

Todos nos apuntamos a la buena vida. Y para eso hemos inventado y sostenido la ética, esa gran aspiración de gentes que quieren vivir bien. Invento tan antiguo como la rueda o el fuego, idóneo para superar problemas ancestrales como la solución a garrotazos o la venganza del ojo por ojo. Invento necesario como el lenguaje, cuya alternativa es sencillamente el caos, la selva y el sálvese quien pueda.

Si el hombre ha sido siempre lobo para el hombre, como demuestra la historia con obstinación, también es cierto que tenemos labios y voz para besar y para cantar, y en esta segunda posibilidad se fundan las propuestas de la ética. Precisamente porque nuestra vida es supervivencia en medio de un mar agitado por grandes problemas e incógnitas, no tenemos más remedio que aprender el arte de navegar, y eso es la ética.

2

Ingredientes y recetas

Con independencia de lo que pensemos sobre ello, el fuego quema, el agua moja y las vacas dan leche. Algo parecido sucede con la vida humana. El hombre es lo que es, y su existencia está sometida a condiciones objetivas que no son negociables: ojos para ver, piernas para caminar, pulmones para respirar... Así, la buena vida podremos cocinarla con diferentes recetas, pero siempre tendremos que contar con los mismos ingredientes, y con sus cualidades reales.

Los ingredientes de la vida humana son constantes a lo largo de épocas y latitudes. Su enumeración por orden alfabético empezaría en la amistad y terminaría en la verdad. Entre ambos ingredientes desfilarían el amor, la conciencia moral, la familia y la felicidad, la libertad y el placer, los sentimientos y la sexualidad. De todo ello hablaremos en las páginas que siguen.

Respecto a las recetas, las más famosas han sido propuestas por los clásicos, al menos desde que Homero presentó en Ulises el primer diseño de una conducta equilibrada y excelente. Desde que Sócrates habló de la virtud y de la muerte. Desde que Platón interpretó el misterio del amor. Desde que Aristóteles dibujó los perfiles y matices de la amistad y la felicidad. Desde que Epicuro señaló los límites razonables del placer. Desde que Séneca defendió con su pluma la dignidad humana.

ADICCIONES (LA DROGA)

No hay mayor culpa que ser indulgente con los deseos.

LAO-TSÊ

No quiero ser adicto, no quiero autodestruirme, pero la heroína es tan poderosa como el diablo, es lo más adictivo que he probado. No quiero volver a probarla, pero no puedo evitarlo. Me vuelvo loco.

KURT COBAIN

3

El enganche

La buena vida es el arte de hacer lo que hay que hacer y evitar lo que hay que evitar. Dicho así, parece tarea sencilla y de perogrullo, pero en realidad nada es más difícil que llevar las riendas de uno mismo. En este libro reflexionaremos sobre los elementos y las condiciones de la buena vida. Y lo haremos por orden alfabético, comenzando por un asunto peliagudo, anterior a la amistad y al amor: las adicciones. En este capítulo, la drogadicción. En la S hablaremos de la adicción al sexo. Ambas adicciones nos llevarán a la P, pues vienen dadas por el desenfoque de uno de los elementos principales de la buena vida: el placer.

«Nada en exceso», dice uno de los más atinados consejos de la sabiduría griega. Porque la vida cuaja y se logra en la armonía, y se malogra en los excesos. Entre los más peligrosos, los que cristalizan en hábitos muy difíciles de desarraigar: las adicciones. Y entre las adicciones, las más invasoras están relacionadas con los placeres orgánicos más intensos: los proporcionados por el alcohol, la droga y la actividad sexual.

El placer y el dolor son dos resortes fundamentales de la conducta humana. Dos resortes naturales y contrarios, pues el ser humano está hecho de tal manera que lo agradable le parece bueno, y lo penoso le parece malo. He escrito «le parece» porque la realidad no es a veces lo que parece. De hecho, algunas cosas por las que merece la pena sufrir no son placenteras, y algunos placeres son muy poco recomendables. Todos sabemos que la droga es un medio eficaz para la obtención inmediata de placer, y para la posterior ruina física y psíquica del consumidor.

Ser adicto es embarcarse en un proyecto ruinoso, enganchar la propia vida a un fracaso quizá sin remedio. En este sentido, Séneca decía que quien vive para su vientre gana kilos y pierde libertad. Hoy, por desgracia, sabemos algo más que Séneca sobre las consecuencias devastadoras de cierto hedonismo. «Aunque se diga que la persona humana tiene una gran capacidad de asimilación, yo confieso que durante mis diecisiete años de profesional en la policía, no he podido nunca acostumbrarme al sufrimiento real y a la degeneración física y mental de los muchísimos jóvenes drogadictos con los que he mantenido contactos o a los que he tenido que ayudar.» Son palabras de José María Cervera, Inspector Jefe del Cuerpo Nacional de Policía.

«El hombre es el ser que manifiesta su libertad eligiendo sus esclavitudes», escribió Sartre. Y lo cierto es que vivimos inmersos en una cultura adicta, que necesita tabaco, televisión, sexo, alcohol o cocaína para combatir la ansiedad, soportar la monotonía, satisfacer los deseos, afrontar las relaciones personales o afirmar la personalidad. Una cultura adicta es la que permite o favorece adicciones. Y en nuestro país, muchos adolescentes aprenden de sus padres a solucionar sus problemas a base de alcohol, tranquilizantes o televisión.

Un pequeño porcentaje de consumidores de droga, notablemente alto en términos absolutos, lo constituyen quienes terminan no pudiendo controlarla y necesitándola imperiosamente. El consumidor ocasional juguetea con la droga porque cree tenerla bajo control, pero el drogadicto pensaba lo mismo cuando empezó a consumirla: «Yo controlo». Después, la dependencia supone cruzar una frontera de difícil retorno, donde muchas cosas van a ser seriamente dañadas: el organismo y la mente del adicto, su familia, su trabajo, sus relaciones sociales...

4

Drogas de diseño

Son pastillas muy extendidas en Europa y Estados Unidos. Se presentan a los más jóvenes como sustancias maravillosas e inocuas, aunque lo cierto es que se están multiplicando los casos de intoxicación y muerte. Por el consumo de estas píldoras murieron en Alemania, en 1998, más de mil jóvenes. En España, una reciente Memoria del Plan Nacional sobre Drogas decía que «el consumo de las drogas de diseño se ha disparado entre los jóvenes de 14 a 24 años, detectándose el empleo habitual de más de 60 tipos distintos».

El marketing las bautiza con nombres simpáticos, como si se tratara de sustancias inofensivas: Adán, picapiedra, torpedo, taxi, popeye, éxtasis... La misión de estas drogas de diseño, como se las conoce genéricamente, es conseguir que el cuerpo aguante las noches del fin de semana en plena forma. Provocan en el consumidor un estado de euforia que reduce radicalmente las sensaciones de cansancio, sueño, hambre y sed. Su efecto se nota en pocos minutos, y quien las ingiere puede bailar durante horas sin parar, al tiempo que se siente mucho más comunicativo y sentimental.

Estas drogas, que muchos ingenuos consideran inofensivas, pueden provocar taquicardia, insomnio, falta de apetito, temblores y náuseas. Pero lo más preocupante son los efectos a medio y largo plazo: fuertes cuadros depresivos, crisis de ansiedad, paradas cardíacas y trastornos psicóticos como la esquizofrenia, la neurosis o la paranoia. Se puede comprar una pastilla de *éxtasis* por 1.500 pesetas, y en función de su pureza el precio puede subir hasta 4.000. Para hacerse una idea sobre el volumen de este negocio, en la Comunidad Valenciana —donde tiene lugar la *ruta del bakalao*— se venden 250.000 pastillas cada fin de semana.

¿Quién las distribuye? Muchos jóvenes consumidores se inician en la compraventa para pagarse sus dosis. ¿Dónde? En el aparcamiento o en los servicios de las discotecas. En 1995, la Guardia Civil desmanteló una red de tráfico de drogas de diseño y detuvo a 71 personas, la mayoría jóvenes entre los 17 y 25 años de edad, algunos de clase acomodada. En tres años habían vendido pastillas por valor de 3.000 millones de pesetas.

5

Prevención, tratamiento y curación

La lucha contra las drogodependencias no tiene éxito porque las sociedades capitalistas lanzan mensajes contradictorios: prohíben la droga pero estimulan el hedonismo. En esa confusión, tan absurda como cerrar a la droga las ventanas de la propia casa y dejar abierta la puerta, pueden caer los expertos más bienintencionados. Así, en España, el propio Ministerio del Interior, como parte de una campaña nacional contra las drogas, diseñaba un anuncio contradictorio. Desde grandes vallas y espacios publicitarios, el Ministerio nos mostraba a un grupo de chicos y chicas, emparejados y sonrientes, bajo el lema FUNCIONAMOS SIN DROGAS.

Hasta aquí, todo correcto. Pero el mensaje se torna equívoco cuando otro texto, junto al eslógan, dice lo siguiente: «Viajamos, nos enrollamos, soñamos, nos lo montamos, alucinamos, nos divertimos... Y todo ello sin drogas».

¿Por qué me parece un anuncio contradictorio? Sencillamente porque centra toda la visión de la vida en el placer, olvidando que la dinámica interna del placer es invasora, que el placer es un producto inflamable y crea dependencia. En contra de lo que pretende, el estilo de vida que el Ministerio parece aplaudir —nos enrollamos, nos lo montamos, alucinamos, nos divertimos—, es un camino cuesta abajo hacia los placeres contra los que tan ingenuamente previene. Y como reza un dicho muy gallego, «cuesta abajo se llega a cualquier parte».

Hedonismo y educación son incompatibles por definición. Porque, así como la inteligencia es capaz de ejercer un dominio político sobre las demás facultades humanas, el dominio del placer es tiránico, excluyente. Quizá el peor efecto del hedonismo sea la corrupción de la inteligencia, que deja de juzgar las cosas con objetividad y las mira bajo el prisma del placer que reportan. Lord Acton dijo que «el poder tiende a corromper, y el poder absoluto corrompe absolutamente». Nosotros podríamos decir, en paralelo, que el placer tiende a desbocarse, y si se le concede rienda suelta se desboca con toda seguridad.

Por duro que pueda parecer, las estrategias eficaces contra la droga no son económicas ni políticas. La Agencia Antidroga de la Comunidad de Madrid afirma que la batalla contra la droga comienza en el hogar, y brinda a los padres un buen puñado de atinados consejos:

- No olvidar que los adolescentes constituyen el mayor grupo de riesgo.
- Dedicarles tiempo. Hablar con ellos y escucharles.
- Ayudarles a vivir la libertad con responsabilidad.
- Educar su carácter en el autocontrol. Establecer límites y normas.
- Aceptarlos como son. Valorar sus avances y sus logros.
- Crear expectativas ajustadas a sus capacidades.
- Predicar con el ejemplo de una vida sobria.
- Reducir el consumo habitual de alcohol y tabaco.
- No ocultarles información adecuada.
- Crear un ambiente familiar agradable. Establecer lazos sociales y familiares.
- Interesarse por su evolución y rendimiento escolar.
- Fomentar la afición por actividades deportivas y culturales.
- Al mundo de la droga se entra por la soledad, el desengaño, la frustración...

Al mundo de la droga también se entra por la puerta de la ingenuidad, especialmente cuando se trata del mercado adolescente. Por eso es bueno conocer algunos argumentos falsos que los vendedores de droga hacen circular entre sus jóvenes clientes. Los enumera Alejandra Vallejo-Nágera en *La edad del pavo*:

DIEZ ARGUMENTOS FALSOS

1. Todos los adolescentes consumen drogas alguna vez.
2. El alcohol es la droga de los adultos y la hierba es la de los jóvenes.
3. La hierba es mucho más inofensiva que el alcohol.
4. Fumar un poco de marihuana no hace daño. Tus padres fumaban porros en su juventud y no les ha pasado nada.
5. No te pasa nada si fumas drogas de vez en cuando y controlas el consumo.
6. Las «anfetas» no son malas. Ya las consumían tus padres para preparar exámenes.
7. Las drogas sintéticas son absolutamente seguras.
8. Algunas drogas de diseño son legales.
9. Las drogas son afrodisiacas.
10. Los consumidores de «pastis» no toman otras drogas, ni tampoco alcohol.

En cierta medida, el problema de la droga es de sustitución. Especialistas en drogodependencias afirman que alguien se hace adicto a los narcóticos porque carece de motivaciones fuertes en cualquier otra dirección. Por tanto, la droga se impone por defecto. Si la vida no tiene sentido y es pródiga en reveses, es lógico que el hombre se lance a la caza y captura de sustitutivos placenteros. La droga constituye un prototipo generalizado de esta sustitución. Pero el egocentrismo que supone poner la meta de la vida en las propias sensaciones placenteras, elevar el placer a principio supremo del vivir, es una herejía vital que se paga cara.

La experiencia clínica enseña que los drogadictos suelen padecer una gran inestabilidad anímica. Porque la personalidad egocéntrica que se enquista en su propio yo se aísla del mundo y se insensibiliza ante cualquier estímulo que no haga referencia a su placer. El psiquiatra Juan Cardona explica que la personalidad egocéntrica no reconoce los propios defectos y se predispone a ir estableciendo –casi sin darse cuenta– mecanismos de defensa. Esa estrategia falsifica la propia imagen, la vida de relación y la interpretación objetiva de los hechos de su vida profesional, social y sentimental. Por eso, con frecuencia se produce en el drogadicto una alteración contraproducente en la jerarquía de valores, que le conduce a buscar de modo inmediato el placer, sin comprender que el verdadero placer de vivir es resultado de otra actitud vital: el amor y la entrega a un ideal.

Por lo dicho, la prevención y el tratamiento de la drogadicción –junto a las medidas médicas, legales y sociales– ha de orientarse hacia la transmisión de los valores estéticos, éticos y morales, que son los que proporcionan verdadero sentido a la existencia humana. Esta tarea incumbe en primer lugar a la familia, y subsidiariamente al Estado, que debe establecer los cauces legales de la protección a la familia y de la educación, e impedir el deterioro social de los valores esenciales.

La drogadicción es quizá el peor subproducto de la degradación del amor y la libertad, dos fundamentos que dignifican la vida humana. Si su contenido se trivializa, adultera y sustituye por el placer, es fácil llegar al rechazo irresponsable de los compromisos y a la búsqueda obsesiva de satisfacciones inmediatas a cualquier precio. Ya conocemos los efectos.

El afecto

En nueve de cada diez casos, el afecto es la causa
de toda felicidad sólida y duradera.

C. S. Lewis

6

La primera forma de amar

Una forma sencilla y excelente de disfrutar de la vida es el afecto. Es la primera forma de amar y la más democrática, al alcance de todas las fortunas, pues se reduce a la mera satisfacción de estar juntos. De algunas mujeres podemos asegurar que no provocarán grandes pasiones, y de algunos hombres que les costará tener amigos, pues unas y otros parece que no tienen nada que ofrecer. Pero todo el mundo puede mirar y ser mirado con afecto, también el feo, el estúpido y el de carácter difícil. C. S. Lewis dice que no se necesita nada manifiestamente valioso entre quienes une el afecto, y por eso pueden ser tratados con mucho afecto un minusválido y un deficiente mental.

El afecto –sigo de cerca a Lewis– ignora barreras de edad, sexo, inteligencia y nivel social. Por eso puede darse entre un jefe de Estado y su chófer, entre un premio Nobel y su antigua niñera, entre Don Quijote y Sancho Panza, aunque sus cabezas vivan en mundos diferentes. En este sentido, recuerdo el testimonio elocuente de Jesús Jorge García, chófer del doctor Vallejo-Nágera. Se lo contaba en 1990 a José Luis Olaizola en *La puerta de la esperanza*, el libro que narra la vida y la enfermedad mortal del famoso psiquiatra.

La sustancia del afecto es sencilla: una mirada, un tono de voz, un chiste, unos recuerdos, una sonrisa, un paseo, una afición compartida. La mirada afectuosa nos enseña en primer lugar que las personas están ahí, y después que podemos pasar por alto lo que nos moleste de ellas, que es bueno sonreírles, y que podemos llegar a tratarlas con cordialidad y aprecio. El afecto puede surgir y arraigar sin exigir cualidades brillantes, y por eso podemos conseguirlo con poco esfuerzo. Pero tampoco tenemos derecho a él. Más bien, tenemos la esperanza razonable de ser estimados por familiares, amigos y colegas si nosotros y ellos somos más o menos normales, si no somos insoportables.

Lewis asegura que, en nueve de cada diez casos, el afecto es la causa de toda felicidad sólida y duradera. Pero matiza su afirmación aclarando que esa felicidad sólo se logra si hay un interés recíproco por dar y recibir. Además de sentimiento, el afecto requiere cierta dosis de sentido común, imaginación, paciencia y abnegación. De lo contrario, «si tratamos de vivir sólo de afecto, el afecto nos hará daño».

7

El viejo y el mar

En la más célebre de sus novelas, Hemingway nos habla de un viejo pescador que salía cada mañana en su bote y llevaba tres meses sin coger un pez. Un muchacho le había acompañado los primeros cuarenta días, hasta que sus padres le habían ordenado salir en otro bote que capturó tres buenos peces la primera semana. Pero el viejo había enseñado al muchacho a pescar desde niño, y el muchacho no lo olvidaba.

–Yo podría volver con usted. Hemos hecho algún dinero.

–No –dijo el viejo–. Tú sales en un bote que tiene buena suerte. Sigue con ellos.

–Pero recuerde que una vez llevaba ochenta y siete días sin pescar nada y luego cogimos peces grandes todos los días durante tres semanas.

–Lo recuerdo –dijo el viejo–. Y sé que ahora no me has dejado porque hayas perdido la esperanza.

Entristecía al muchacho ver al viejo regresar todas las tardes con las manos vacías, y siempre bajaba a ayudarle a descargar los aparejos. Un día propuso al viejo tomar una cerveza en el puerto, y estuvieron charlando.

–¿Puedo ir a buscarle sardinas para mañana?

–No. Ve a jugar al béisbol.

—Si no puedo pescar con usted, me gustaría ayudarle de alguna forma.

—Me has pagado una cerveza —dijo el viejo—. Ya eres un hombre.

Después marcharon juntos camino arriba hasta la cabaña del viejo, mientras el lector se siente cautivado por la profunda humanidad de ese afecto.

—¿Qué tiene para comer? —preguntó el muchacho al llegar a la cabaña.

—Una cazuela de arroz amarillo con pescado. ¿Quieres un poco?

—No. Comeré en casa.

El muchacho sabía que no había ninguna cazuela de arroz amarillo con pescado.

—Déjeme traerle cuatro cebos frescos.

—Uno —dijo el viejo.

—Dos —replicó el muchacho.

—Dos —aceptó el viejo—. ¿No los habrás robado?

—Lo hubiera hecho. Pero éstos los compré.

—Gracias —dijo el viejo con sencillez.

—Ahora voy a por las sardinas —dijo el muchacho, y añadió—: abríguese, viejo. Recuerde que estamos en septiembre.

Cuando volvió, el viejo estaba dormido en una silla, a la puerta de la cabaña. El sol se estaba poniendo. El muchacho cogió la frazada del viejo de la cama y se la echó sobre los hombros. El periódico yacía sobre sus rodillas y el peso de sus brazos lo sujetaba allí contra la brisa del atardecer. Estaba descalzo. El muchacho entró un rato en la cabaña y, cuando volvió, el viejo estaba todavía dormido.

—Despierte, viejo —dijo el muchacho, y puso su mano en una de sus rodillas.

El viejo abrió los ojos y por un momento fue como si regresara de muy lejos. Luego sonrió.

—¿Qué traes? —preguntó.

—La comida —dijo el muchacho—. Vamos a comer.

—No tengo mucha hambre.

—Vamos, venga a comer. No puede pescar sin comer.

—Habrá que hacerlo —dijo el viejo, levantándose y cogiendo el periódico y doblándolo. Luego empezó a doblar la frazada.

—No se quite la frazada –dijo el muchacho–. Mientras yo viva, no saldrá a pescar sin comer.

—Entonces vive mucho tiempo y cuídate –dijo el viejo–. ¿Qué vamos a comer?

—Frijoles negros con arroz, plátanos fritos y un poco de asado.

El muchacho lo había traído de la Terraza en una tartera. Llevaba en el bolsillo dos juegos de cubiertos, cada uno envuelto en una servilleta de papel.

—¿Quién te ha dado esto?

—Martín. El dueño de la Terraza.

—Tengo que darle las gracias.

—Yo ya se las he dado –dijo el muchacho–. No tiene que dárselas usted.

—Le daré la ventrecha de un gran pescado –dijo el viejo.

El muchacho había traído dos cervezas con intención de devolver las botellas.

—Muy amable de tu parte –dijo el viejo–. ¿Comemos?

—Es lo que yo proponía –respondió el muchacho.

—Pues ya estoy listo –dijo el viejo–. No necesito tiempo para lavarme.

¿Dónde se lavaba?, se preguntó el muchacho. El pozo del pueblo estaba a dos manzanas de distancia, camino abajo. «Debí de haberle traído agua –pensó–, y jabón y una buena toalla. ¿Por qué seré tan desconsiderado? Tengo que conseguirle otra camisa y una chaqueta para el invierno y alguna clase de zapatos y otra frazada.»

—Tu asado es excelente –dijo el viejo.

—Hábleme de béisbol –le pidió el muchacho.

—En la liga americana, como te dije, Los Yankees –dijo el viejo muy contento.

—Hoy perdieron –le dijo el muchacho.

—Eso no significa nada. El gran Di Maggio vuelve a ser lo que era.

Y siguieron hablando de béisbol.

—¿Quién es realmente el mejor manager, Luque o Mike González?

—Creo que son iguales.

—El mejor pescador es usted.

—No. Conozco otros mejores.

—Qué va —dijo el muchacho—. Hay muchos buenos pescadores y algunos grandes pescadores. Pero como usted ninguno.

—Gracias. Me haces feliz. Ojalá no se presente un pez tan grande que nos haga quedar mal.

—No existe tal pez, si está usted tan fuerte como dice.

—Quizá no esté tan fuerte como creo —dijo el viejo—. Pero conozco muchos trucos y tengo voluntad.

—Ahora debería acostarse para estar descansado por la mañana. Yo llevaré otra vez las cosas a la Terraza.

—Entonces buenas noches. Te despertaré por la mañana —dijo el viejo.

—Que duerma bien.

El muchacho salió. Habían comido sin luz en la mesa y el viejo se quitó los pantalones y se fue a la cama a oscuras. Enrolló los pantalones para hacer una almohada, poniendo el periódico dentro de ellos. Se envolvió en la frazada y durmió sobre los otros periódicos viejos que cubrían los muelles de la cama. Se quedó dormido en seguida y soñó con África, en la época en que era muchacho y con las largas playas doradas, a veces tan blancas que lastimaban los ojos. El viejo siempre soñaba con África, y cuando en sueños olía la brisa de tierra, despertaba, se vestía y se iba a despertar al muchacho.

La puerta de la casa donde vivía el muchacho no estaba cerrada con llave. La abrió calladamente y entró descalzo. El muchacho estaba dormido en un catre en el primer cuarto y el viejo podía verlo claramente a la luz de la luna moribunda. Le cogió suavemente un pie y lo apretó hasta que el muchacho despertó, se volvió y lo miró. El viejo le hizo una seña con la cabeza y el muchacho cogió sus pantalones de la silla junto a la cama y, sentándose en ella, se los puso. El viejo salió fuera y el muchacho fue tras él. Estaba soñoliento y el viejo le echó el brazo sobre los hombros y dijo:

—Lo siento.

—Qué va —dijo el muchacho—. Es lo que debe hacer un hombre.

Hasta aquí, el resumen de las primeras páginas de *El viejo y el mar*. Si el lector piensa qué es lo que hace surgir entre un pobre viejo y un muchacho ese entrañable afecto, sin duda le parecerá decisivo el talante del viejo, hecho de optimismo, cordialidad y ganas de vivir. El muchacho posee parecidas cualidades, pues no en vano ha tenido cerca a un hombre en cuyo retrato leemos que «todo en él era viejo, salvo sus ojos, y éstos tenían el color mismo del mar y eran alegres e invictos». Como apuntaba Lewis, el afecto no necesita cualidades brillantes, pero sí virtudes.

LOS AMIGOS

No hay más invierno que la soledad.

PEDRO SALINAS

8

La buena vida es imposible sin amigos

Durante quince años, entre mis jóvenes alumnos he visto de todo. He visto derrumbarse a tipos muy duros el último día del último curso. Ante algunas separaciones académicas, que se agrandaban por cambio de ciudad o de país, esos tipos duros intuían que los adioses podían ser definitivos...

Recuerdo ahora uno de los mejores poemas de uno de los mejores poetas españoles actuales: Miguel d'Ors.

> *Amando, Amandiño, que eras de Corredoira,*
> *cómo vuelve esta noche, con qué mágica luz,*
> *aquel baño silvestre, y nuestras cabriolas*
> *desnudas por el prado salpicado de bostas...*

El poema expresa la nostalgia de una vieja amistad desvanecida en el pasado, y acaba con estos versos:

> *Y ahora que contemplo mi vida*
> *y me vienen ganas de darle una limosna,*
> *le pregunto a los años*
> *qué habrá sido de ti, Amandiño, amigo de un verano;*
> *qué habrá sido de mí.*

Decía Cicerón que «el sol parece que quitan del mundo los que de la vida quitan la amistad». Más de una vez, en clases de Filosofía y Ética, enfrentado al reto de explicar el misterioso laberinto sentimental del ser humano, he pedido a mis alumnos que pusieran por escrito lo que ellos piensan de determinado sentimiento. Y hoy, enfrentado a estas páginas sobre la amistad, sus respuestas vienen en mi ayuda. He seleccionado nueve:

- Un amigo se va haciendo con el tiempo, y acaba por ser como tu sombra, y más que un hermano. Por eso la amistad es algo complicado de explicar.

- Ser amigo es ayudar siempre, y no ser amigo es ayudar algunas veces.

- Todo el mundo tiene amigos, pero la amistad verdadera escasea porque exige sacrificio, anteponer el bienestar del amigo al tuyo propio.

- Si no eres sincero con tus amigos y ocultas algo, entonces no eres amigo sino fachada.

- Pienso que los amigos y la familia son las cosas más importantes de la vida. Sin amigos, uno se encuentra desanimado y marginado.

- Es entre amigos donde los problemas que tanto nos preocupan encuentran las mejores soluciones.

- A veces éste no se hace amigo de aquél, sino de su moto.

- Puedes aceptar la amistad que se te ofrece, pero no para aprovecharte de ella. También tienes que saber agradecerla.

- La calidad de los amigos se prueba en los momentos difíciles.

En su espontaneidad, estas respuestas juveniles me parecen tan atinadas como las que ofrecen los clásicos. Coinciden con ellos en estimar que la buena vida es imposible sin amigos, y que la amistad es una relación entrañable y libre, recíproca y exigente, desinteresada y enriquecedora, que nace por inclinación natural y se alimenta de compartir lo que se tiene y lo que se piensa.

9

La amistad en los clásicos

Entre los clásicos que mejor han escrito sobre la amistad, me parece que destacan Homero, Platón, Aristóteles, Cicerón, Séneca y san Agustín. La primera literatura occidental, desde que Homero saca a pasear a Ulises por Troya y el Egeo, ya elogia esa relación que presta al encuentro entre los seres humanos un colorido especial. Ni los héroes griegos pueden recorrer en solitario los escenarios de sus hazañas, ni las relaciones humanas pueden quedar encerradas en el estrecho clan familiar.

La *Ilíada* y la *Odisea*, esos prodigios escritos hace casi tres mil años, al reflejar la condición humana en todos sus matices, son un emocionante canto a la amistad. Como también lo es para Oriente y Occidente el libro de los libros: la Biblia. En el mundo homérico destaca la amistad entre Aquiles y Patroclo. En una peligrosa escaramuza de la guerra de Troya, Aquiles presta a su amigo su armadura, su carro y sus caballos. Patroclo, que es un guerrero excepcional, con las armas de Aquiles resulta invencible, hasta que los dioses inclinan la balanza en su contra: Apolo le golpea por la espalda, le desarma y permite que el troyano Héctor le hiera mortalmente y le arrebate las armas.

Durante todo el día, griegos y troyanos lucharon encarnizadamente por el cadáver de Patroclo. Cuando Aquiles conoce la noticia, rompe en terribles sollozos, coge puñados de tierra y los arroja sobre su cabeza, se tiende en el suelo y se arranca los cabellos. Uno de sus hombres le sujeta las manos, temeroso de que se degüelle con la espada. Su madre, la diosa Tetis, se le aparece y le consuela, pero Aquiles responde que ya no quiere vivir ni inquietarse por nada humano, mientras no rinda el alma Héctor, herido por su lanza, en venganza de Patroclo.

Por fin pudieron los griegos poner a Patroclo al abrigo de los dardos, acostándole en un lecho. Y dice Homero que sus compañeros lloraban a su alrededor en compañía de Aquiles, el de los pies ligeros, que derramaba lágrimas ardientes al mirar tendido en el féretro al mejor de sus amigos. Velaron a Patroclo toda la noche, y Aquiles, que presidía el duelo, pronunció estas palabras:

¡Oh Patroclo! Ya que yo he de bajar después que tú a la tumba, no quiero enterrarte sin haberte traído las armas y la cabeza de Héctor. Ante tu pira funeraria sacrificaré doce ilustres hijos de troyanos para vengar tu muerte. Hasta ese momento descansarás en mis naves. Y las mujeres troyanas que nuestra fuerza y nuestras armas han hecho esclavas, gemirán noche y día a tu alrededor, vertiendo lágrimas.

Así habló Aquiles, y ordenó a los suyos que pusiesen un gran trípode al fuego y calentasen agua. Lavaron después el cuerpo de Patroclo, lo ungieron con aceite, pusieron en sus heridas un bálsamo de nueve años, colocaron el cadáver sobre el lecho y lo cubrieron de pies a cabeza con un sudario de lino ligero.

Con una cronología similar a la homérica, la Biblia nos relata varias historias reales de amistades entrañables, como las de David y Jonatán, Rut y Noemí. En esta última, ambas mujeres quedan viudas y Noemí, extranjera en el país de Moab, decide volver a su tierra y se despide de su nuera. Pero cuenta el Libro Sagrado que Rut se echó en brazos de Noemí y le dijo:

No insistas más en que te deje, alejándome de ti. Donde tú vayas, iré yo. Donde tú habites, habitaré yo. Tu pueblo será mi pueblo, y tu Dios será mi Dios. Donde tú mueras, moriré yo también, y allí seré enterrada. Y que Dios me castigue si algo que no sea la muerte me separa de ti.

De la amistad entre Rut y Noemí surgen la amistad y el amor entre Rut y Booz, un pariente de Noemí muy rico. Un día Rut dijo a su suegra: «Déjame ir a espigar el campo de quien me reciba bien». Noemí respondió: «Bien, hija mía». Salió Rut para espigar en un campo detrás de los segadores, y quiso la providencia que fuese a dar a una parcela de Booz. Llegó Booz, saludó a los segadores y preguntó al criado que tenía al frente: «¿Quién es esa joven?». «Es la moabita que ha venido con Noemí del país de Moab —respondió el criado—. Me ha suplicado que la deje espigar detrás de los segadores, y desde que entró en el campo por la mañana, ha permanecido sin descansar un instante.»

Dijo entonces Booz a Rut: «Escucha, hija: no vayas a espigar a otro campo, y no te alejes de aquí. Sigue los pasos de mis criados, que yo les voy a ordenar que no te molesten. Y cuando tengas sed, ve al hato y bebe de lo que beban ellos». Rut se postró rostro en tierra y dijo: «¿Cómo he hallado gracia a tus ojos para interesarte por esta extranjera?». Le respondió Booz: «Me han contado lo que has hecho por tu suegra después de la muerte de tu marido; que has abandonado a tu padre, a tu madre, a tu patria, para venir a un país para ti desconocido hasta ayer. Que Dios te pague tu acción y que tu recompensa sea grande ante Yavé, Dios de Israel, bajo cuyas alas has venido a refugiarte».

Aquí me gustaría aclarar cierta relación entre la amistad y el amor. En el ensayo *Los cuatro amores*, C. S. Lewis explica que la amistad es una de las cuatro formas del amor, junto al afecto, la caridad y el eros. ¿Y qué es lo que está presente bajo esas cuatro formas? Podemos responder, con Josef Pieper, que, en todos los casos, amar quiere decir aprobar. Y aprobar significa dar por bueno, ser capaz de decir: «es bueno que existas, que estés en el mundo» y, por tanto, «yo quiero que existas».

Vuelvo a Grecia. Jenofonte, al honrar la memoria de dos generales griegos que habían sido muertos a traición por los persas, nos dice que «murieron habiendo sido irreprochables en la guerra y en la amistad». Mínimas palabras para un elogio máximo. Fueron irreprochables en lo que era su oficio –la guerra–, y quizá en el más excelente de los sentimientos humanos: la amistad.

En cierta ocasión, el sofista Antifón quiso desprestigiar a Sócrates y manifestó que su vida no podía ser feliz ni recomendable, especialmente a causa de su pobreza. La respuesta de Sócrates es célebre: «Antifón, así como hay personas que disfrutan con un buen caballo, un perro o un pájaro, yo disfruto sobre todo con mis buenos amigos. Y si encuentro algo interesante lo comparto con ellos. Y los presento unos a otros para que mutuamente salgan enriquecidos. Además, con ellos saboreo los tesoros que los sabios del pasado han dejado por escrito».

Hay en la vida de Sócrates hechos y dichos vigorosos, pero él mismo nos dice que la amistad es el centro de su vida. Y sus amigos le reconocen como el mejor en la amistad, también cuando no es fácil tal reconocimiento: en la vejez, en la condena a muerte, en la cárcel y en la hora de la cicuta. En torno a Sócrates aparecen amigos verdaderos. Y nosotros atesoramos esa amigable forma de vivir, esa charlatanería gustosa sobre el gusto común por la excelencia. De Sócrates hemos aprendido que la amistad alimentada por la cultura común proporciona experiencias inolvidables. Sócrates nos dice que el placer de contemplar a fondo los hombres y las cosas está cercano a la felicidad, y que el arte de vivir consiste en descubrir a las personas –siempre pocas– que pueden compartir ese placer.

Un siglo más tarde, Aristóteles dirá que la amistad, además de algo hermoso, es lo más necesario en la vida. Todo lector de su *Ética a Nicómaco* se siente sorprendido y cautivado por la atención y la elegancia con que el autor describe ese sentimiento. Después de él, casi todo lo que se ha dicho sobre la amistad parece que llega tarde, pues ha sido analizado a fondo en esas páginas esenciales de la cultura griega.

De Grecia a Roma. Cicerón, en su tratado *De amicitia*, nos presenta su trato con Escipión como modelo acabado de relación amistosa: «De todos los bienes regalados por la Fortuna, ninguno comparable a la amistad de Escipión. En ella encontraba yo conformidad con mis opiniones políticas, consejo en los asuntos privados, y descanso agradable. Una era nuestra casa, uno nuestro alimento, y tomado en común. Siempre anduvimos juntos: en la guerra, en los viajes y en los paseos por el campo. Y juntos dedicábamos el tiempo libre a conocer nuevas cosas, lejos del bullicio de la multitud».

Séneca, en sus *Epístolas a Lucilio*, dedica a la amistad páginas memorables. Y san Agustín, el último romano, nos deja en sus *Confesiones* el recuerdo emocionado de algunos amigos de su juventud: «Me hice íntimo amigo de un compañero de estudios. Los dos éramos jóvenes. Pero he aquí que le dio una fuerte calentura y murió. Durante un año, su amistad había sido para mí lo más agradable de la vida, así que la vida se me hizo inaguantable: la ciudad, mi casa y todo lo que me traía su recuerdo era un continuo tormento. Le buscaba por todas partes y ya no estaba. Sólo llorar me consolaba. Era yo entonces un miserable prisionero del amor, y me sentía despedazar por ese amor perdido. Así vivía yo, y lloraba de amargura y descansaba en la amargura. Me maravillaba que, muerto aquel a quien tanto había querido, siguiera yo viviendo. Bien dijo el poeta Horacio que su amigo era la mitad de su alma, porque yo sentí también que su alma y la mía no eran más que una en dos cuerpos».

10

Características de la amistad

Como ya he dicho, mis alumnos y los clásicos coinciden en adjudicar a la amistad, como notas distintivas, el ser una relación entrañable y libre, recíproca y exigente, desinteresada y benéfica, que nace de inclinación natural y se alimenta del convivir compartiendo. Veamos el contenido de esas cualidades.

La amistad es una relación entrañable. Aristóteles dirá que se trata de un afecto necesario y hermoso. Cicerón lo estimará porque quita rigidez a la convivencia y la hace indulgente, libre, amena e inclinada al buen humor. Veinte siglos más tarde, C. S. Lewis dirá que la vida no tiene don mejor que ofrecer. Para Séneca, el primer beneficio de la amistad es el propio placer que proporciona, pues sin compañía no es grata la posesión de bien alguno. Y ese placer lo causa no sólo el cultivo de una vieja amistad sino también el inicio de una nueva: incluso puede ser más grato granjearse una amistad que retenerla, al igual que es más grato al artista estar pintando que haber pintado.

La amistad es libre, recíproca y exigente. «Algunos creen que para ser amigos basta con querer, como si para estar sano bastara desear la salud». Finísima observación de Aristóteles, a la que añade que «sólo hay amistad cuando la benevolencia es recíproca». Esa reciprocidad requiere cierta igualdad, y se ve amenazada «cuando se produce entre los amigos una gran diferencia en virtud, vicio, prosperidad o cualquier otra cosa: entonces dejan de ser amigos, y ni siquiera aspiran a serlo. Por eso es tan difícil que un hombre normal sea amigo de un rey o de un sabio». Si los vicios de una persona manchan a sus amigos, Cicerón recomienda aflojar esa amistad poco a poco: no rasgarla sino descoserla; a menos que se haya cometido algo intolerable que exija romper sin contemplaciones. En cualquier caso, una amistad rota no debe dar paso a la enemistad, pues es indigno hacer la guerra contra un antiguo amigo.

La amistad es exigente. Por ella «el hombre íntegro hace muchas cosas en favor de sus amigos y de su patria, hasta dar la vida si es preciso». ¡Noble exigencia! Pero Aristóteles sería un ingenuo si no reconociera que «estas amistades son raras, porque los hombres no suelen ser así». La amistad también exige confianza mutua, y no hay confianza sin tiempo. Como «la intimidad requiere tiempo y es difícil, no es posible ser amigo de muchos con amistad perfecta. En cambio, por interés o por pasarlo bien es posible tener bastantes amigos, pues ambas condiciones las reúnen muchos y no requieren demasiado tiempo».

Que lo que se pide a los amigos sea honroso: ahí pone Cicerón la primera exigencia de la amistad. También Aristóteles dirá que los buenos amigos no hacen peticiones torpes ni se prestan servicios de esa clase. Más bien impiden la torpeza, pues es propio de los buenos no apartarse del bien, y no permitir que se aparten sus amigos.

La amistad es desinteresada y enriquecedora. Quien comienza a ser amigo por interés, por interés dejará de serlo, y despoja a la amistad de su grandeza. Así escribe Séneca a Lucilio, haciendo eco a estas palabras de Aristóteles: «La amistad por interés no busca el bien del amigo, sino cierto beneficio. Estas amistades no son auténticas, y son fáciles de disolver cuando el amigo deja de ser útil o agradable». Aristóteles explica que la amistad desinteresada es posible, aunque costosa: «Preferimos ser queridos, pero la amistad consiste más en querer. Como las madres, que se complacen en querer sin pretender que su cariño sea correspondido. Por eso, los amigos que saben querer son seguros». El filósofo propone también un breve programa: con desinterés ayudaremos de buena gana a nuestros amigos antes de que nos llamen; participaremos con gusto en sus alegrías; y seremos lentos en aceptar favores, porque no es noble estar ansioso de beneficios.

Ese querer desinteresado es el primer beneficio de la amistad, todo un privilegio. En la pobreza y en las demás desgracias consideramos a los amigos como el único refugio. Y en cualquier situación, tener amigos íntimos es una suerte que no todos tienen. Recordando sus años universitarios, Lewis comenta que, en un grupo de íntimos, esa apreciación es a veces tan grande que cada uno se siente poca cosa ante los demás. Y se pregunta qué pinta él allí, entre los mejores. Tiene la gran suerte de disfrutar de esa compañía y de tomar lo mejor, lo más inteligente o lo más divertido que hay en ellos.

La amistad nace de una inclinación natural. Séneca explica a Lucilio que nos sentimos empujados a la amistad por un impulso natural, por un instintivo placer: así como existe aversión natural a la soledad y propensión a la vida en sociedad, así también existe un estímulo que nos hace desear la amistad. Estas son las razones de Aristóteles: la amistad parece darse de modo natural entre padres e hijos, y en general entre los hombres; por eso alabamos a los que aman a sus semejantes. Además, consideramos que el amigo es uno de los mayores bienes, y la carencia de amigos y la soledad es lo más terrible, porque toda la vida y el trato voluntario se desarrolla entre amigos: pasamos la mayor parte del tiempo con nuestros familiares y amigos, o con los hijos, padres y esposa.

Dice Eurípides que cuando Dios da bienes, no hay necesidad de amigos. Pero nadie querría poseer todas las cosas y estar solo, pues el hombre es animal social, y por naturaleza necesita convivir. Para Cicerón, esto es fácil de ver si uno se imagina, por hipótesis, en un desierto, en medio de la abundancia y de la satisfacción, pero privado en absoluto de compañía humana. Incluso la persona más intratable necesita algún amigo sobre el que vomitar el veneno de su aspereza. Lewis precisa que la necesidad de la amistad no es biológica, pues no tiene valor de supervivencia; más bien es una de esas cosas que le dan valor a la supervivencia.

La amistad es fruto del convivir compartiendo. Los amigos comparten cosas, gustos, puntos de vista, proyectos. De hecho, la amistad suele nacer cuando dos o más compañeros descubren que tienen algo en común, desde la afición por un deporte a la coincidencia en los estudios. Sólo los que no tienen nada no pueden compartir nada. Sólo los que no van a ninguna parte no pueden tener compañeros de ruta. Aristóteles plasma esta idea en una inesperada descripción costumbrista: «Amistad es, en efecto, convivir, y desear para el amigo lo mismo que para sí. Y aquello en lo que ponemos el atractivo de la vida es lo que deseamos compartir. Por eso, unos beben juntos, otros disfrutan con el mismo juego, o practican el mismo deporte, o salen de caza, o charlan sobre filosofía».

Al final resulta, como dice Salinas, que no hay más invierno que la soledad, y para la soledad quizá no haya más remedio que la amistad.

EL AMOR

Qué no daría yo por la memoria
de que me hubieras dicho que me querías.

BORGES

Cuéntamelo otra vez: es tan hermoso
que no me canso nunca de escucharlo.
Repíteme otra vez que la pareja
del cuento fue feliz hasta la muerte.
Que ella no le fue infiel, que a él ni siquiera
se le ocurrió engañarla. Y no te olvides
de que, a pesar del tiempo y los problemas,
se seguían besando cada noche.
Cuéntamelo mil veces, por favor:
es la historia más bella que conozco.

AMALIA BAUTISTA

11

Vivimos para amar y ser amados

Sabemos que una mujer, un niño, cualquier hombre, nunca ven a los demás como cuerpos neutros, sino como personas con una riqueza subjetiva que se capta mediante los afectos. Y los afectos aparecen siempre coloreados por sentimientos diversos: aprecio o desprecio, amistad o indiferencia, admiración o envidia. Si la tipología de los afectos es numerosísima, hay uno que es experimentado como el más radical y esencial de todos: el amor. Y entre todas sus acepciones, en el lenguaje ordinario designa principalmente un tipo especial de relación intersubjetiva entre hombre y mujer, aunque también se usa propiamente para designar las relaciones personales entre padres e hijos, y entre el hombre y Dios.

El amor es la sustancia de la vida humana porque, además de existir, lo que necesitamos es amar y ser amados por otra persona. Así lo expresa Amalia Bautista en cuatro versos:

> Al cabo, son poquísimas las cosas
> que de verdad importan en la vida:
> poder querer a alguien, que nos quieran
> y no morir después que nuestros hijos.

Ese nacer para amar y ser amado, esa primera y fundamental vocación de todo ser humano la encontramos también en unos versos magníficos de Pedro Salinas:

> Aún tengo en el oído
> tu voz, cuando me dijo:
> «No te vayas». Y ellas,
> tus tres palabras últimas,
> van hablando conmigo
> sin cesar, me contestan
> a lo que preguntó
> mi vida el primer día.

Sólo sabiéndose amado consigue el ser humano existir del todo, sentirse arropado en el mundo. Me impresionó la lectura de *El esbirro*, un relato autobiográfico en el que el ruso Sergei Kourdakov cuenta su niñez en estos términos:

> A los cuatro años tuve que irme a vivir con personas que no eran de mi familia, y a partir de los seis viví en los orfelinatos del Estado. Excepto en mis primeros años de vida no conocí las caricias ni los besos de una madre y de un padre. No tuve a nadie que por las mañanas me dijera *tómate el desayuno*, o *pórtate bien en el colegio*. Estoy seguro de que cualquiera comprende la importancia que estas palabras tan sencillas tienen para un niño, y también el vacío que durante toda mi vida he sentido en mi corazón, por haberme visto privado de ellas. A los diecisiete años, siendo estudiante en la Academia Naval de Leningrado, sentía ese vacío como el mayor pesar de mi vida.

Saberse amado es sentirse insustituible, y es la mejor forma de pisar terreno firme y vivir alegre. El amor aparece así como un principio intrínsecamente constitutivo de la personalidad humana, origen de la tendencia natural a una realización vital recíproca. Por esa reciprocidad se dice que no se puede vivir sin la otra persona, y que ella es más que la propia vida. En *Crimen y castigo* hemos leído que, cuando Rodian Raskolnikov se enamora de Sonia, le quedaban siete años de condena en Siberia por su doble asesinato. «Siete años de dolor y sufrimiento, pero ¡cuánta felicidad!» Al escribir esto, Dostoiewsky tenía en la cabeza aquellos siete años que trabajó Jacob en casa de Labán, para poder desposarse con Raquel. El Libro Eterno comenta que aquellos siete años le parecieron sólo unos cuantos días, de tanto como la amaba.

12

Nacimiento y evolución del amor

El enamoramiento está certeramente caracterizado por Ortega y Gasset como una alteración «patológica» de la atención, pues el conocimiento y la voluntad del amante se concentran en el amado hasta llegar a ver el mundo por los ojos del otro. Borges pone en boca de un enamorado estas palabras:

> *Debo fingir que hay otros. Es mentira.*
> *Sólo tú eres. Tú, mi desventura*
> *y mi ventura, inagotable y pura.*

Un estudio comparativo de las innumerables caras que presenta el fenómeno del amor, desde Platón hasta el psicoanálisis, pone de manifiesto el rasgo común de la *preferencia*: el amor es siempre un preferir, y ser amado es ser tratado como una excepción. La realidad aparece entonces como lo que gusta o no gusta al ser amado, como lo que le favorece o perjudica. Pero el enamoramiento no puede mantenerse mucho tiempo, porque la vida humana implica una pluralidad de actividades que impide el arrebato permanente, y porque la plenitud anunciada es un programa que debe ser realizado en el tiempo.

En la realización de ese programa lleva la voz cantante la voluntad, no el sentimiento. Sólo así puede ser el amor objeto de regulación jurídica y de prescripciones morales. Cuando se quiere expresar jurídicamente la relación conyugal, se considera que aquello que constituye esa unión es un acto de voluntad expresamente manifiesto (el consentimiento). Ello es así porque un sentimiento es algo que no obliga a nada. En el enamoramiento somos sujetos pacientes de un sentimiento, pero en su desarrollo somos sujetos agentes de un proyecto voluntario, capaces de compromiso libre, esfuerzo y sacrificio.

La fórmula del amor no es «yo te quiero porque eres así, mientras seas así», pues todo el mundo estará de acuerdo en que si un amor termina en el momento en que desaparecen ciertas cualidades (belleza, juventud, éxitos), quiere decir que no existió nunca. El amor suele nacer al ver la manera de ser de la persona amada (belleza, encanto, inteligencia), pero luego se afianza en el centro de la persona que posee esas cualidades, en algo que permanece cuando ya hace tiempo que aquellas amables cualidades desaparecieron. El itinerario del amor dice primero «me gustas», después «te quiero», y, por fin, «te amo».

Ninguna relación amorosa es un permanente deslumbramiento. En cambio, presenta un carácter arduo que deriva de los múltiples factores que han de ser unificados. En primer lugar, la sexualidad y la afectividad, que aparecen en la intimidad subjetiva como fuerzas diferentes e inicialmente disociadas, y que han de ser integradas respecto de la propia intimidad y respecto de la otra. A partir de ahí, los que se aman deberán asimilar una amplia gama de cualidades psicosomáticas (temperamento, actitudes, intereses), y un conjunto no menor de factores socioculturales (usos y costumbres, situaciones económicas, aspiraciones profesionales, principios morales, creencias religiosas, etc.). Y además se trata de llegar a la unidad sin anular las diferencias, pues de otro modo no habría una relación amorosa sino de dominio. Todo esto lo explica el profesor Jacinto Choza en su *Manual de antropología filosófica*, y lo resume admirablemente Antonio Gala en una entrevista: «El matrimonio es una casa de pisos. Dedicado al sexo sólo hay uno. Luego hay otros que están como guarderías infantiles, universidades, comercios, hospitales... Hasta de pompas fúnebres tiene que haber un piso en el matrimonio. Y esa casa la tienen que hacer entre los dos».

13

Materia y espíritu en el amor

¿Es el amor *physical desire and nothing else*? El materialismo no explica el misterio del amor. Ni los átomos, ni las moléculas, ni las células resuelven el problema. Para ello habría que explicar, entre otras cosas, cómo es que sienten las neuronas. Y después, a través de sensaciones que nacen en los ojos, el tacto o la palabra, también habría que explicar cómo ascendemos hasta esa sublimación feliz. Nadie ha visto el puente entre un proceso físico y su repercusión anímica, aunque lo atravesamos a diario innumerables veces. Marguerite Yourcenar pone en boca de su *Adriano* que ninguna caricia explica su turbadora resonancia espiritual, así como la cuerda acariciada por el dedo no explica el milagro de la música. En todo caso, la obsesión de la carne sólo prueba que la carne está siendo juguete del espíritu.

Para George Steiner, identificar el riquísimo contenido del amor con la pulsión sexual, como pretende Freud, es una reducción casi despreciable. La misteriosa experiencia del amor, que está más allá de la sexualidad y de la misma razón, de ningún modo puede expresarse en términos de biogenética.

Platón también negó rotundamente esa reducción a lo físico. Sin embargo, afirmó que la conmoción amorosa tiene lugar en el encuentro con la belleza sensible, pues ella conmueve al hombre más que ningún otro valor, y lo arrebata de su tranquila comodidad. En todo cuerpo amado inventamos un infinito. Transfigurado por el amor, ese grosero saco de músculos y huesos exhibe un atractivo extraordinario donde los besos y las caricias se equivocan siempre: no acaban donde dicen. Con demasiada frecuencia comprobamos que la inflamación provocada por la belleza corporal deja un sabor agridulce, como una promesa que no puede ser cumplida. ¿Por qué? Porque en realidad la belleza es la llamada de otro mundo para despertarnos, desperezarnos y rescatarnos de la vulgaridad. El amor nos hace sentir que el ser sagrado tiembla en el ser querido. Y por eso el encuentro con la belleza es el hallazgo de una secreta llave que abre el último reducto del corazón humano para que llegue hasta él una luz extranjera e inefable. Una llave que no tendría sentido si no tuviera nada que abrir, como tampoco lo tendría una vida cerrada a la belleza.

Platón explica que el auténtico arrebato amoroso transporta por encima del espacio y del tiempo, de tal modo que el conmovido por la belleza desearía que el instante fuera eterno, y querría abandonar la vulgaridad del mundo y volar hacia la compañía de los dioses. Por eso los dioses llaman a Eros «el que proporciona alas». Por otra parte, Platón sabía que con la efigie del amor es muy fácil acuñar moneda falsa, y nos avisa que el verdadero amor sólo nace cuando no se confunde y falsea con el mero deseo de placer. Pues en rigor —comenta Josef Pieper—, no es amado quien es deseado, sino aquel para quien se desea algo.

LA CONCIENCIA MORAL

Vivo mejor con la conciencia tranquila que
con una buena cuenta corriente.

TOM CRUISE

Es mucho menos pesado tener a un niño en
brazos que cargarlo sobre la conciencia.

DR. LEJEUNE

14

El juicio más necesario

Ingrediente fundamental de la buena vida es la buena conciencia. Algo tan inmaterial como pesado, pues quizá nada pese más sobre nuestra propia conducta. Al final de su larga vida Kant confesó que las dos cosas que más le habían asombrado eran la contemplación de la noche estrellada y la conciencia humana: «El cielo estrellado fuera de mí, y el orden moral dentro de mí».

Se refería a la conciencia moral. Porque «conciencia» tiene dos acepciones: una psicológica y otra moral. Conciencia psicológica es el conocimiento reflejo, el conocimiento de uno mismo, la autoconciencia. Conciencia moral, en cambio, es la capacidad de juzgar la moralidad de la conducta humana (propia o ajena). Es, por tanto, una capacidad de la inteligencia humana. De una inteligencia que tiene diversas capacidades, que es polifacética, porque hay —entre otras— una inteligencia estética, una inteligencia matemática, una inteligencia emocional, una inteligencia moral o ética.

Los animales no tienen conciencia. El ser humano tiene conciencia por ser *animal racional*, pues la razón es la facultad de juzgar. Conciencia moral es precisamente la razón que juzga la moralidad: el bien o el mal. No el bien o el mal técnico o deportivo —el que nos dice si somos un buen dibujante o un mal tenista—, sino el bien o mal moral: el que afecta a la persona en profundidad. Hay acciones que afectan a la persona superficialmente, y acciones que la afectan en profundidad. Lavarse la cara afecta a la exterioridad de la cara; en cambio, mentir afecta a la interioridad de la persona. Un periodista preguntaba a la modelo Valeria Mazza:

–¿Ha rechazado algún trabajo?

Y la respuesta fue:

–Sí. Nunca hice un desnudo o pasé ropa transparente. Al principio me costaba mucho negarme, porque lo que quieres es trabajar, pero me daba cuenta de que eso afecta a tu personalidad.

Esas acciones que afectan al núcleo de la persona son las que sopesa la conciencia moral. ¿Qué importancia tiene la conciencia? La misma que un STOP, un «ceda el paso» o un semáforo. La importancia de lo que nos permite vivir como seres humanos. Porque si la razón no impone su ley, se impone la ley de la selva. Y entonces no vivimos como seres humanos, sino como monos con pantalones. Ésta es la alternativa: conciencia o selva.

15

De Sócrates a Gandhi

La conciencia es una curiosa exigencia de nosotros a nosotros mismos. No es una imposición externa que provenga de la fuerza de la ley, ni del peso de la opinión pública, ni del consejo de los más cercanos. Sócrates dice a Critón que las razones que le impiden huir «resuenan dentro de mi alma haciéndome insensible a otras». Los que, a lo largo de la historia, han actuado en conciencia contra la autoridad establecida, no lo han hecho por afán de rebeldía, sino por el pacífico convencimiento de que hay cosas que no se pueden hacer. Gandhi, acusado de sedición, se defiende en el más grave de sus procesos con estas palabras: «He desobedecido a la ley, no por querer faltar a la autoridad británica, sino por obedecer a la ley más importante de nuestra vida: la voz de la conciencia».

La conciencia juzga con criterios absolutos porque puede juzgar desde el más allá de la muerte. Un «más allá» que es precisamente lo que está en juego. Por la presencia de ese criterio absoluto intuye el hombre su responsabilidad absoluta y su dignidad absoluta. Por eso entendemos a Tomás Moro cuando escribía a su hija Margaret, antes de ser decapitado: «Ésta es de ese tipo de situaciones en las que un hombre puede perder su cabeza y aun así no ser dañado».

Y entendemos que el abogado Átticus Finch, en un país racista, se enfrente a la opinión pública de toda su ciudad, por defender a un muchacho negro:

Antes que vivir con los demás tengo que vivir conmigo mismo: la única cosa que no se rige por la regla de la mayoría es la propia conciencia.

Y entendemos también a Platón, cuando nos dice que la verdadera salvaguarda de la justicia está en el más allá: en un juicio de los muertos seguido de premios y castigos. Por eso, la *República*, ese inmortal ensayo de filosofía política, concluye con el mito de Er, una narración escatológica para poner de manifiesto que la última garantía de la justicia está después de la muerte.

La conciencia es una brújula para el bien y un freno para el mal: el hombre no lucha como los animales, sólo con uñas y dientes, sino también con garrotes, arcos, espadas, aviones, submarinos, gases, bombas. Para bien y para mal, la inteligencia desborda los cauces del instinto animal y complica extraordinariamente los caminos de la criatura humana. Pero la misma inteligencia, consciente de su doble posibilidad, ejerce un eficaz autocontrol sobre sus propios actos, un control de calidad. Confucio define la conciencia con palabras sencillas y exactas: luz de la inteligencia para distinguir el bien y el mal. Y las grandes tradiciones culturales de la humanidad, desde Confucio y Sócrates, han llamado conciencia moral a ese muro de contención del mal, y le han otorgado el máximo rango entre las cualidades humanas.

Un repaso a la historia revela que ese sexto sentido del bien y del mal, de lo justo y de lo injusto, se encuentra en todos los individuos y en todas las sociedades (porque todo individuo, desde niño, es capaz de protestar y decir: *¡No hay derecho!*). La conciencia es un juicio de la razón, no una decisión de la voluntad. Por eso, la conciencia puede funcionar bien y, sin embargo, el hombre puede obrar mal. Con otras palabras: la conciencia es condición necesaria, pero no suficiente, del recto obrar.

Hay personas que no escuchan la voz de la conciencia y se extravían. En las tragedias de Shakespeare la conciencia se escucha pero no se sigue. Es testigo, fiscal y juez al mismo tiempo, pero Hamlet o Macbeth buscan en su interior testigos falsos, sobornan a su íntimo fiscal y corrompen su propio juicio. Dice Macbeth, antes de asesinar a su rey:

¡Baja, horrenda noche, y cúbrete bajo el palio de la más espesa humareda del infierno! ¡Que mi afilado puñal oculte la herida que va a abrir, y que el cielo, espiándome a través de la abertura de las tinieblas, no pueda gritarme: basta, basta!

Ése es precisamente el problema de Hamlet: una fina conciencia aliada con una mala voluntad.

Yo soy medianamente bueno, y, con todo, de tales cosas podría acusarme, que más valiera que mi madre no me hubiese echado al mundo. Soy muy soberbio, ambicioso y vengativo, con más pecados sobre mi cabeza que pensamientos para concebirlos, fantasía para darles forma o tiempo para llevarlos a ejecución. ¿Por qué han de existir individuos como yo para arrastrarse entre los cielos y la tierra?

El juicio moral es en Hamlet correcto, pero su voluntad no consigue rectificar su deseo de venganza. De ahí el sentimiento de mala conciencia.

16

El error de Nietzsche

La realidad de la mala conciencia ha llevado a algunos filósofos a pensar que la solución es cortar por lo sano y eliminar la conciencia. Es la pretensión del superhombre de Nietzsche: «Existe un feroz dragón llamado *tú debes*, pero contra él arroja el superhombre las palabras *yo quiero*». Nietzsche también afirma:

> Hasta ahora no se ha experimentado la más mínima duda o vacilación al establecer que lo bueno tiene un valor superior a lo malo. ¿Y si fuera verdad lo contrario?
>
> Durante demasiado tiempo, el hombre ha contemplado con malos ojos sus inclinaciones naturales, de modo que han acabado por asociarse con la mala conciencia. Habría que intentar lo contrario, es decir, asociar con la mala conciencia todo lo que se oponga a los instintos, a nuestra animalidad natural.

En el fondo de estas palabras hay una suposición falsa: sin conciencia no habría sentimiento de culpa, y sin sentimiento de culpa viviríamos felices. Si como hombres nos es negada la felicidad, quizá como superhombres podamos alcanzarla. Y seremos superhombres si nos atrevemos a levantar la máscara del deber moral, esa artimaña del débil para dominar al fuerte.

La importancia de Nietzsche en la configuración cultural del siglo xx es enorme. Lo sepamos o no, nos guste o no nos guste, el actual pensamiento occidental es en gran medida nietzscheano. Nietzsche predicó la inversión de todos los valores, y evaluaba las consecuencias de su pretensión con enorme clarividencia:

> Mi nombre estará un día ligado al recuerdo de una crisis como jamás hubo sobre la tierra, al más hondo conflicto de conciencia, a una voluntad que se proclama contraria a todo lo que hasta ahora se había creído, pedido y consagrado. No soy un hombre, soy una carga de dinamita.

Para lograr la inversión de los valores, Nietzsche debe arrancarlos de su raíz fundamental. Así se entiende su obsesión por decretar la muerte de Dios: «Ahora es cuando la montaña del acontecer humano se agita con dolores de parto. ¡Dios ha muerto: viva el superhombre!». La conclusión de Nietzsche es expresada por Dostoiewki con fórmula que ha hecho fortuna: «Si Dios no existe, todo está permitido». En el mismo sentido, diversos pensadores han afirmado, a modo de ejemplo, que contra la libertad de asesinar no existe, a fin de cuentas, más que un argumento de carácter religioso. Porque la imposibilidad de matar a un hombre no es física, es una imposibilidad moral que nace al descubrir cierto carácter absoluto en la criatura finita: la imagen y los derechos de su Creador.

17

El éxito de Nietzsche y sus consecuencias

Vemos en nuestros días que la psicología del superhombre ha triunfado. Al menos, en el sentido que MacIntyre denuncia cuando escribe que «los ácidos del individualismo han corroído nuestras estructuras morales». Desde la Revolución francesa, el deber moral fue definitivamente aligerado de su fundamento divino, y sólo quedó apoyado en un fundamento civil. Hoy estamos más empeñados que nunca en la vieja pretensión del superhombre: acabar con el mismo deber y sustituirlo por el individualismo, conquistar una autonomía moral casi absoluta, implantar sobre la tumba del deber el reinado de la real gana.

A los ojos de los actuales herederos de Voltaire, toda ética basada en el deber aparece como imposición rigorista e intransigente, dogmática, fanática y fundamentalista, saturada por el imperativo desgarrador de la obligación moral. Ahora, como dice Lipovetsky en *El crepúsculo del deber*, hemos entrado en la época del posdeber, en una sociedad que desprecia la abnegación y estimula sistemáticamente los deseos inmediatos. En este Nuevo Mundo sólo se otorga crédito a las normas indoloras, a la moral sin obligación ni sanción. «La obligación ha sido reemplazada por la seducción; el bienestar se ha convertido en Dios y la publicidad en su profeta».

Como se aprecia, Nietzsche goza ahora de una salud que no tuvo en vida. Sus ideas han dado lugar, después de Hitler, a millones de pequeños superhombres domesticados. Pero tampoco nos salen las cuentas. Lipovetsky reconoce que la anestesia del deber contribuye a disolver el necesario autocontrol de los comportamientos, y a promover un individualismo conflictivo. Cita como ejemplos elocuentes la durísima competencia profesional y social, la proliferación de suburbios donde se multiplican las familias sin padre, los analfabetos, los miserables atrapados por la gangrena de la droga, las violencias de los jóvenes, el aumento de las violaciones y los asesinatos. Son efectos de una cultura –dice– que celebra el presente puro estimulando el ego, la vida libre, el cumplimiento inmediato de los deseos.

Los predicadores de la desvinculación moral siempre han soñado con la muerte del deber y el nacimiento del individualismo responsable. Pero el vacío dejado por el deber ha mostrado deficiencias estructurales. Lipovetsky advierte que en la resolución de esos conflictos nos jugamos el porvenir de las democracias: «No hay en absoluto tarea más crucial que hacer retroceder el individualismo irresponsable». Si su libro *El crepúsculo del deber* se abría con un optimismo que sonaba a música celestial compuesta para la coronación del buen salvaje, doscientas páginas después, Lipovetsky empieza a desdecirse y denuncia las trampas de la razón posmoralista, apela con todas sus fuerzas a la ética aristotélica de la prudencia, explica cómo en todas partes la fiebre de autonomía moral se paga con el desequilibrio existencial, y reconoce abiertamente que la solución a nuestros males «exige virtud, honestidad, respeto a los derechos del hombre, responsabilidad individual, deontología».

Como hemos visto, la autonomía absoluta es inviable en sociedad. Sería posible si fuésemos dioses o bestias. Por eso las cárceles están llenas de individuos que ejercieron alguna vez la autonomía sin límites: una prerrogativa que tiende a convertirse en mecanismo de destrucción.

18

Educación de la conciencia

No podemos olvidar rasgos de la vida humana que son necesarios y casi inevitables en cualquier sociedad, cuya presencia impone ciertos criterios valorativos a los que no se puede escapar. Se trata de formas básicas de verdad y de justicia imprescindibles en todo grupo humano. Al mismo tiempo, no parece posible prescindir de cualidades como la amistad, la valentía o la veracidad, por la simple razón de que el horizonte vital de los que ignorasen tales cualidades se restringiría hasta lo insoportable. Transcribo un párrafo de la *Historia de la ética*, de MacIntyre:

> Hay reglas sin las cuales no podría existir una vida humana reconocible como tal, y hay otras reglas sin las cuales no podría desenvolverse siquiera en una forma mínimamente civilizada. Éstas son las reglas vinculadas con la expresión de la verdad, con el mantenimiento de las promesas y con la equidad elemental. Sin ellas no habría un terreno donde poder pisar como hombres.

Después de todo lo dicho, entendemos que la conciencia es una pieza insustituible de la personalidad humana. No es correcto concebir la conciencia como un código de conducta impuesto por padres y educadores, algo así como un lavado de cerebro que pretende asegurar la obediencia y salvaguardar la convivencia pacífica. En cierta medida, la conciencia es fruto de la educación familiar y escolar, pero sus raíces son más profundas: está grabada en el corazón humano. La conciencia es una pieza necesaria de la estructura psicológica del hombre. También hemos sido educados para tener amigos y trabajar, pero la amistad y el trabajo no son inventos educativos sino necesidades naturales: debemos obrar en conciencia, trabajar y tener amigos porque, de lo contrario, no obramos como hombres.

Si tenemos pulmones, ¿podríamos vivir sin respirar? Si tenemos inteligencia, ¿podríamos impedir sus juicios éticos? Desde este planteamiento se entiende que la conciencia moral, lejos de ser un bello invento, es el desarrollo lógico de la inteligencia, pertenece a la esencia humana, no es un pegote, forma parte de la estructura psicológica de la persona. No podemos olvidar que el juicio moral no es un juicio sobre un mundo de fantasía, sino sobre el mundo real. Puedes impedir el juicio de conciencia, y también puedes negarte a comer, o conducir con los ojos cerrados. Lo que no puedes es pretender que los ojos, el alimento y los juicios morales sean cosas de poca monta, sin grave repercusión sobre tu propia vida. Precisamente por ser una pieza insustituible se puede hablar así:

- Todos los seres humanos nacen libres e iguales en dignidad y derechos. Dotados como están de dignidad y conciencia, deben comportarse fraternalmente los unos con los otros.
- Toda persona tiene derecho a la libertad de pensamiento, de conciencia y de religión (Declaración Universal de Derechos Humanos, artículos 1 y 18).
- Vivo mejor con la conciencia tranquila que con una buena cuenta corriente (Tom Cruise).
- Es mucho menos pesado tener a un niño en brazos que cargarlo sobre la conciencia (Jèrôme Lejeune).

Ante la necesidad de decidir moralmente, resulta necesario educar la conciencia. Una educación que debe empezar en la niñez y no interrumpirse, pues ha de aplicar los principios morales a la multiplicidad de situaciones de la vida. Una educación protagonizada por la familia, la escuela y las leyes justas. Una educación que lleva consigo el equilibrio personal y que supone respetar tres reglas de oro:

- Hacer el bien y evitar el mal.
- No hacer a nadie lo que no queremos que nos hagan a nosotros.
- No hacer el mal para obtener un bien.

La educación de la conciencia es incompatible con el relativismo moral, con la concepción subjetivista del bien. Dicho de otra manera: educar la conciencia es enseñarla a respetar la realidad, a no manipular lo que es objetivo. La inteligencia es la capacidad de conocer la realidad y conocerse a uno mismo. Y educar la inteligencia es entrenarla para reconocer las cosas como objetivamente son, no como subjetivamente pueden parecer o nos conviene que sean. Lo cual no es nada sencillo. Pongo un ejemplo literario: Lo que para Sancho Panza es bacía de barbero, para Don Quijote es el yelmo de Mambrino. Pero los dos no pueden tener razón. De igual manera, lo que para Don Quijote son gigantes enemigos, para Sancho son molinos de viento.

Son ejemplos suficientemente grotescos como para no sentirnos aludidos. Nos parece que nadie en su sano juicio ve la realidad tan distorsionada. Pero, por desgracia, no es así: entre un terrorista y un ciudadano pacífico, entre un defensor del aborto y un defensor de la vida, entre un ateo y un creyente, entre un nazi y un judío, entre un homosexual y un heterosexual, entre un vendedor de droga y un vendedor de helados, entre el que vive fuera de la ley y el que vive dentro, entre el que conduce sobrio y el que conduce borracho, las diferencias pueden ser mayores y más dramáticas que las diferencias entre Don Quijote y Sancho.

Estas comparaciones no son exageradas ni teóricas. Ojalá lo fueran. Como profesor, me afectan personalmente, pues conozco en mis alumnos y en mis antiguos alumnos las consecuencias de no reconocer que la realidad es como es, con sus leyes propias. Me refiero a ciertas consecuencias lamentables de esas distorsiones de la realidad: el suicidio, la muerte por sida, por sobredosis o por conducir borracho. En este sentido se ha dicho que Dios perdona siempre, que el hombre perdona algunas veces, y que la naturaleza no perdona. Pero el castigo de la naturaleza nunca es a traición, pues avisa previamente por medio de la conciencia.

EL PROBLEMA DEL DOLOR

Los hombres mueren y no son felices.

ALBERT CAMUS

19

Universal, incomprensible e inevitable

El misterio envuelve cuestiones como el origen y el fin del universo, la estructura última de la materia, la diversificación de las especies, y tantas otras. El dolor, además de misterio, es un problema. Porque nos afecta muy directamente: puede incordiarnos a diario y llega a presentarse insoportable y trágico en ciertas ocasiones. Es el problema más grave de la humanidad, la realidad humana más desconcertante, pues en su descripción figuran tres adjetivos abrumadores: universal, inevitable e incomprensible.

La primera vez que me asomé con curiosidad intelectual al tema del dolor, lo hice después de leer unos versos de Blas de Otero:

> Quiero encontrar, ando buscando la causa del sufrimiento.
> La causa a secas del sufrimiento a veces
> mojado en sangre, en lágrimas y en seco
> muchas más. La causa de las causas de las cosas
> horribles que nos pasan a los hombres.
> No a Juan de Yepes, a Blas de Otero, a Leon
> Bloy, a César Vallejo, no, no busco eso,
> qué va, ando buscando únicamente
> la causa del sufrimiento
> (del sufrimiento a secas),

> *la causa a secas del sufrimiento a veces...*
> *Y siempre vuelta a empezar.*

En estos versos aparece ya ese carácter inevitable e incomprensible del dolor, pues se presenta ante nosotros como una evidencia imposible de explicar: constatamos que existe, pero no sabemos por qué. «La causa de esta angustia no consigo / ni vagamente comprender siquiera», escribió Antonio Machado.

Solemos distinguir entre el dolor físico y el sufrimiento anímico. El sufrimiento es la resonancia emocional que nos causan ciertos hechos de índole fisiológica o psicológica. Así, el dolor del cuerpo se suele transformar en sufrimiento –dolor del alma– cuando su origen es desconocido, cuando es abrumador, cuando no parece controlable, cuando se considera espantoso. Ya hemos dicho que la causa del sufrimiento –dolor del alma– no es sólo el dolor físico. Así lo vemos en este vigoroso párrafo escrito en el siglo IV:

> Me hice íntimo amigo de un antiguo compañero de estudios. Los dos éramos jóvenes. Pero he aquí que le dio una fuerte calentura y murió. Durante un año, su amistad había sido para mí lo más agradable de la vida, así que la vida se me hizo inaguantable: la ciudad, mi casa y todo lo que me traía su recuerdo era para mí un continuo tormento. Le buscaba por todas partes y ya no estaba. Sólo llorar me consolaba. Era yo entonces un miserable prisionero del amor, y me sentía despedazar por ese amor perdido. Así vivía yo, y lloraba de amargura y descansaba en la amargura (...). Me maravillaba que, muerto aquel a quien tanto había querido, siguiera yo viviendo. Bien dijo el poeta Horacio que su amigo era la mitad de su alma, porque yo sentí también que su alma y la mía no eran más que una en dos cuerpos (san Agustín, *Confesiones*).

No me atrevo a decir que el sufrimiento humano esté bien repartido, porque sería un agravio a las víctimas innumerables de la esclavitud, del holocausto judío, del Gulag soviético y de múltiples patologías. Pero ya he dicho que nadie se libra de él. Entre otras cosas porque al final, como escribió Blas de Otero siguiendo a Jorge Manrique: «La muerte siempre presente nos acompaña, y al fin nos hace a todos iguales». Ni los ricos, ni los poderosos, ni los famosos se libran del zarpazo del sufrimiento. Ni los dueños del mundo. Felipe II, el rey que murió en 1598, empezó a convertirse en un inválido seis años antes, cuando la gota fue impidiendo progresivamente sus movimientos. Nos lo cuenta su capellán, fray Antonio Cervera de la Torre, en el libro donde narra la muerte del monarca. La gota afligió a Felipe II durante catorce años, y los siete últimos le debilitó y ocasionó dolores agudísimos. Los dos años y medio finales, la enfermedad

no le dejó sino el pellejo y los huesos, y tan sin fuerzas que le fue forzoso andar en una silla e ir como si le llevaran a enterrar cada día. A esto se sumó un principio de hidropesía que le hinchó el vientre, los muslos y las piernas, bastando este rabioso accidente para descomponer al hombre más asentado del mundo. Se le hicieron llagas en los dedos de manos y pies, que le atormentaban especialmente cuando las curaban. Los últimos dos meses no le fue posible dejar la cama ni cambiar de postura, de forma que ni se le pudo mudar la ropa que tenía debajo, ni menearle o levantarle un poco para limpiarle los excrementos de la necesidad natural. Y así se convirtió aquella cámara real en poco menos que muladar podrido, y digo poco, porque no era sino harto peor.

20

Tres respuestas: Caos, Destino, Providencia

El carácter misterioso del dolor aumenta el desconcierto que nos produce. Nadie decide el día de su nacimiento, y casi nadie el de su muerte. Tampoco escogemos nuestras enfermedades e infortunios. Nacer, morir y sufrir, por ser realidades fundamentales que escapan a nuestra voluntad, plantean dos preguntas radicales: ¿quién mueve los hilos de nuestra existencia?, ¿quién mueve los hilos del dolor? Parece que sólo caben tres posibles respuestas, conocidas desde antiguo: Caos ciego, Destino inmutable o Providencia buena.

El caos como explicación –en realidad, como negación de toda explicación– ha tenido pocos defensores. Uno de los más famosos, Nietzsche, tiene buena pluma y mala vista cuando escribe: «He encontrado en las cosas esta feliz certidumbre: prefieren danzar con los pies del azar». Desconozco si Nietzsche leyó *Las nubes*, la famosa comedia en la que Aristófanes se burla de la educación de los sofistas, que niegan la divinidad y la sustituyen por el caos. Al discípulo se le hace prometer «no reconocer ya más dioses que las tres divinidades que nosotros veneramos: el caos, las nubes y la lengua». El maestro sofista asegura que ya no existe Zeus. Y cuando el asombrado alumno pregunta quién reina entonces, la respuesta es tajante: «Reina el Torbellino, que ha expulsado a Zeus».

¿De veras nos gobierna el caos? La danza de las cosas parece demasiado bella y compleja para ser efecto del azar. ¿Cómo saben las estaciones que deben cambiar de camisa? ¿Y cómo saben las raíces que deben subir a la luz? Es claro que sobre la realidad impera una ley no humana, y que las leyes físicas y biológicas están muy por encima de la alta tecnología. Son programas de precisión que repiten una actividad incansable e inexorable. Por ello, no es muy aventurado sospechar, como Borges, que «Algo que ciertamente no se nombra / con la palabra azar, rige estas cosas». Pero ¿qué significa ese «algo»? Sólo puede significar dos cosas: Destino o Providencia.

Homero no supo a qué carta quedarse y jugó las dos: las Hilanderas –personificación del Destino– tejen las líneas maestras de nuestra vida. Los dioses, sometidos a las Hilanderas, sólo pueden obrar dentro de los límites del Destino. Así, puesto que el regreso de Ulises estaba decidido por el Destino, los dioses no pudieron acabar con él, y sólo les estuvo permitido alargar ese regreso durante muchos años y sembrarlo de penalidades.

Después de Homero, los que apuestan por el Destino integran la postura deísta, representada por el estoicismo antiguo y la Ilustración moderna. Atribuyen la aparición del cosmos a una ley universal impersonal. «Creo –dice Einstein– en el Dios de Spinoza, que se revela en la armonía de todo lo que existe, pero no en un Dios que se preocupa del destino y las acciones de los hombres».

Karl Sagan, uno de los últimos defensores de esta Divinidad impersonal, piensa que «la idea de que Dios es un varón blanco y descomunal, con barba blanca, que se sienta en el cielo y controla el vuelo de cada gorrión, es ridícula. Pero si por Dios entendemos el conjunto de leyes físicas que gobiernan el universo, no hay duda de que existe». Sagan es un excelente divulgador, pero en este caso, además de tomar el símbolo por lo simbolizado –el rábano por las hojas– deja sin explicar cómo es posible un conjunto de leyes sin un legislador.

El pensamiento antiguo occidental se decantó, en general, hacia la Providencia. Casi todos los clásicos grecolatinos, con más o menos reservas y matices, apuestan por una Suprema Inteligencia interesada en los asuntos humanos. Piensan así Heráclito y Parménides, Anaxágoras, Sócrates, Platón y Aristóteles, Cicerón y Séneca. No existen reservas en Sócrates y Platón. Aristóteles es más indeciso, pero se le escapa una declaración sorprendente. En la *Ética a Nicómaco*, al señalar que la felicidad no depende enteramente del esfuerzo humano y requiere cierta buena suerte, añade: «En este sentido, si algo es un don divino, más debe serlo la felicidad, puesto que es la mejor de las cosas humanas».

Sin desconocer que Séneca ha repetido la doctrina estoica sobre la inmanencia de Dios en el mundo, hay que señalar el esfuerzo del filósofo por superar el dogma estoico y proclamar sin titubeos la existencia de un Dios trascendente y personal: de Él dirá que es nuestro creador y padre, que determinó nuestros derechos en la vida, a quien nada se oculta y cuyo propósito es la bondad.

21

La Providencia y el dolor

No es fácil compaginar la Providencia con el sufrimiento que la propia naturaleza física causa al hombre. Sin embargo, se piensa desde Platón que la naturaleza ofrece suficiente armonía como para no dudar de la Divinidad. Para los griegos, el orden del mundo prueba que se halla regulado por Dios, y su desorden demuestra que Dios es más grande que sus propias leyes. Pero el hombre que sufre no tiene la cabeza clara para pensar así. Se nos dice que el dolor es una sensación desagradable, una emoción contraria al placer, una voz de alarma del organismo enfermo, un reflejo de protección. Todo eso es verdad, pero no explica la existencia del dolor, ni el agobio íntimo del que sufre. Tampoco sabemos si es una venganza siniestra, como la caja de Pandora, o quizá la gran oportunidad de mostrar lo mejor de uno mismo, como intuyó C. S. Lewis. Sobre dicha intuición escribió *The problem of pain*, donde nos dice que el dolor, la injusticia y el error son tres tipos de males con una curiosa diferencia. La injusticia y el error pueden ser ignorados por el que vive dentro de ellos. El dolor, en cambio, no puede ser ignorado, es un mal desenmascarado, inequívoco: toda persona sabe que algo anda mal cuando ella sufre. Y es que Dios –dice Lewis– «nos habla por medio de la conciencia, y nos grita por medio de nuestros dolores: los usa como megáfono para despertar a un mundo sordo».

Lewis explica que un hombre satisfecho en su injusticia no siente la necesidad de corregir su conducta equivocada. En cambio, el sufrimiento destroza la ilusión de que todo marcha bien. Por eso «el dolor es la única oportunidad que el hombre injusto tiene de corregirse: porque quita el velo de la apariencia e implanta la bandera de la verdad dentro de la fortaleza del alma rebelde».

El dolor causado por el propio hombre es sin duda el más fácil de comprender, porque lo experimentamos como posibilidad constante de la libertad. Una queja de Zeus en la *Odisea* pone de manifiesto la exclusiva responsabilidad humana en muchos males: «¡Ay, cómo culpan los mortales a los dioses!, pues de nosotros, dicen, proceden los males. Pero también ellos por su estupidez soportan dolores más allá de lo que les corresponde». Estas palabras de Zeus se anticiparán siempre a la historia, pues son los hombres quienes han inventado los potros de tortura, la esclavitud, los látigos, los cañones y las bombas.

La responsabilidad humana en el sufrimiento humano es abrumadora. No sólo la naturaleza se arma contra el hombre y le destruye; sabemos que también el hombre se arma contra el hombre y se convierte en carne de cañón, carne de la carnicería de Auschwitz, carne de feto abortivo, carne desintegrada en Hiroshima, carne que muere en las guerras y guerrillas constantes, carne aplastada en las sistemáticas persecuciones de los grandes imperios. Hobbes se quedó corto: por desgracia, el hombre ha demostrado ser, cuando se lo ha propuesto, mucho peor que lobo para el hombre.

La existencia del dolor, y en concreto el sufrimiento de los inocentes, es el gran argumento del ateísmo. Elie Wiesel era un adolescente judío que llegó una noche, en un vagón de ganado, a un campo de exterminio:

No lejos de nosotros, de un foso subían llamas gigantescas. Estaban quemando algo. Un camión se acercó al foso y descargó su carga: ¡eran niños! Sí, lo vi con mis propios ojos. No podía creerlo. Tenía que ser una pesadilla. Me mordí los labios para comprobar que estaba vivo y despierto. ¿Cómo era posible que se quemara a hombres, a niños, y que el mundo callara? No podía ser verdad. Jamás olvidaré esa primera noche en el campo, que hizo de mi vida una larga noche bajo siete vueltas de llave. Jamás olvidaré esa humareda y las caras de los niños que vi convertirse en humo. Jamás olvidaré esos instantes que asesinaron a mi Dios y a mi alma, y que dieron a mis sueños el rostro del desierto. Jamás olvidaré ese silencio nocturno que me quitó para siempre las ganas de vivir.

Aquel muchacho judío no pudo entender el silencio del Dios en el que creía, del Señor del Universo, del Todopoderoso y Eterno. Tampoco pudo entender la plegaria sabática de los demás prisioneros. «Todas mis fibras se rebelaban. ¿Alabaría yo a Dios porque había hecho quemar a millares de niños en las fosas? ¿Porque hacía funcionar seis crematorios noche y día? ¿Porque en su omnipotencia había creado Auschwitz, Birkenau, Buna y tantas fábricas de la muerte?»

Me parece oportuno recordar la protesta de Zeus, pues no es decente echar sobre Dios la responsabilidad de nuestros crímenes, pero nos gustaría preguntarle por qué ha concedido a los hombres la enorme libertad de torturar a sus semejantes. Nos gustaría preguntar, como Shakespeare, por qué el alma humana, que a veces lleva tanta belleza, tanta bondad, tanta savia de nobleza, puede ser el nido de los instintos más deshumanizados. Quizá sirva como respuesta la que ofrece Jean-Marie Lustiger, otro muchacho judío con una historia similar:

Yo tenía la sensación de que nos hundíamos en un abismo infernal, en una injusticia monstruosa. Hay en la experiencia humana abismos de maldad que la razón no puede ni siquiera calificar. Bruscos virajes hacia lo irracional, donde las causas no están en proporción con los efectos. Y los hombres que encarnan esa maldad parecen pobres actores, porque el mal que sale de ellos les excede infinitamente. Son peleles, títeres insignificantes de un mal absoluto que los desborda. Y el rostro que se oculta tras el suyo es el de Satán. Sólo así se explica que una civilización que desea la razón y la justicia caiga en todo lo contrario: en la aniquilación y en el absurdo absoluto.

Los dos adolescentes –Elie Wiesel y Jean-Marie Lustiger– se salvaron de la barbarie nazi. El primero era un judío creyente que perdió su fe. El segundo era un adolescente ateo que llegó a la conclusión de que sólo Dios puede explicar el absurdo del mal. Medio siglo después, Wiesel es Premio Nobel de la Paz, y Lustiger arzobispo de París.

Desde antiguo, la extensión e intensidad del dolor humano ha hecho intuir, junto a un Dios bueno, la existencia de un principio maligno con poderes sobrehumanos. Pero si el Dios bueno es todopoderoso, Él aparece como último responsable del triunfo del dolor, al menos por no impedirlo. Por eso, sumergida tantas veces en el horror, la historia humana se convierte a veces en el juicio a Dios, en su acusación por parte del hombre. Hay épocas en las que la opinión pública sienta a Dios en el banquillo. Sucedió en el siglo de Voltaire, y ha sucedido a lo largo de todo el siglo xx. Me gustaría exponer las conclusiones opuestas de otro premio Nobel y otro obispo, testigos privilegiados de este proceso a Dios: el novelista Albert Camus y el papa Juan Pablo II.

22

Albert Camus y Karol Wojtyla

«Bajo el sol de la mañana –escribió Camus–, una gran dicha se balancea en el espacio. Bien pobres son los que tienen necesidad de mitos».

Y también: «Si hay un pecado contra la vida, no es quizá tanto desesperar de ella como esperar otra vida». Los biógrafos de Camus atribuyen su profunda incredulidad a una herida que nunca cicatrizó, producida en la adolescencia por el zarpazo del mal. Vivía en Argel. Tenía quince o dieciséis años y paseaba con un amigo a la orilla del mar. Se encontraron con un revuelo de gente. En el suelo yacía el cadáver de un niño árabe, aplastado por un autobús. La madre daba alaridos y el padre callaba. Camus, después de unos momentos, mostró a su amigo el cielo azul, señaló luego el cadáver y dijo: «Mira, el cielo no responde».

Años más tarde, Camus sufrió en sus carnes el choque brutal de la enfermedad grave. Un hedonista apasionado del mar y del sol se descubre enfermo. El absurdo se instala en una vida que sólo quería cantar. Y entonces es cuando hace decir a *Calígula* esa «verdad muy sencilla y muy clara, un poco tonta, pero difícil de descubrir y pesada de llevar... Los hombres mueren y no son felices».

Camus se esfuerza en compaginar el sinsentido de la vida con el hedonismo. Su solución voluntarista se resume en una línea:

«Es preciso imaginarse a Sísifo dichoso». *La peste* es un nuevo intento de hacer posible la vida dichosa en un mundo sumergido en el absurdo y con la muerte como telón de fondo. Más que una novela, *La peste* es la radiografía de la generación que ha vivido la segunda guerra mundial. Camus ya no habla de su sufrimiento, sino de esa inmensa ola de dolor que sumergió al mundo a partir de 1939. En *La peste* habla el dolor del mundo, no el dolor de Camus.

Al final de la novela, el autor nos recuerda que las guerras, las enfermedades, el sufrimiento de los inocentes, la maldad del hombre hacia el hombre sólo conocen treguas inciertas, tras las cuales reanudarán su ciclo de pesadilla. Éstas son sus palabras:

> Escuchando los gritos de alegría que subían de la ciudad, Rieux recordaba que esta alegría estaba siempre amenazada. Porque sabía lo que esta multitud alegre ignoraba, y que puede leerse en los libros: que el bacilo de la peste –léase «el mal»– no muere ni desaparece jamás, que puede permanecer durante decenas de años dormido en los muebles y en la ropa, que espera pacientemente en las habitaciones, en los sótanos, en los baúles, en los pañuelos y en los papeles, y que quizá llegaría un día en que, para desgracia y enseñanza de los hombres, la peste despertaría otra vez a sus ratas y las enviaría a morir en una ciudad dichosa.

El papa Juan Pablo II –Karol Wojtyla– ha resumido en su carta *Salvifici doloris* el sentido cristiano del dolor, afirmando en su inicio que la Biblia es un gran tratado sobre el sufrimiento. Hay en el Antiguo Testamento enfermedades y guerras, muerte de los propios hijos, deportación y esclavitud, persecución, hostilidad, escarnio y humillación, soledad y abandono, infidelidad e ingratitud, así como remordimiento de conciencia. Pero si el sufrimiento es inevitable, también es inevitable preguntarse por qué.

Los amigos de Job interpretan su desgracia como un castigo por pecados cometidos. Sin embargo, Dios reprocha esa interpretación y reconoce que Job no es culpable. Estamos ante el escándalo del sufrimiento de un inocente, escándalo que Dios provoca para demostrar la santidad de Job, pues el sufrimiento tiene en Job carácter de prueba. Recuerda el Papa que la última palabra no es el libro de Job sino la respuesta que Dios da al hombre en la cruz de Jesucristo. «Tanto amó Dios al mundo, que entregó a su Hijo único para que todo el que crea en Él no perezca, sino que tenga la vida eterna.» Estas palabras de Cristo a Nicodemo indican que el hombre será salvado mediante el propio sufrimiento de Cristo. El sufrimiento, vinculado misteriosamente al pecado original y a los pecados personales de los hombres, es padecido misteriosamente por el mismo Dios. Repito de intento el adverbio «misteriosamente» porque es la misma Iglesia católica quien reconoce la profundidad de una explicación que, a fin de cuentas, exige un acto de fe.

Jesucristo, además de declarar bienaventuradas a muchas personas probadas por diversos sufrimientos, pasó por Palestina curando enfermedades y consolando a gentes afligidas. Él mismo sufrió en sus carnes la fatiga, el hambre, la sed, la incomprensión, el odio y la tortura de la Pasión. Particularmente conmovedora es la profecía en la que Isaías describe la Pasión de Cristo:

> No hay en Él parecer, no hay hermosura que atraiga las miradas, ni belleza que agrade. Despreciado, desecho de los hombres, varón de dolores, conocedor de todos los quebrantos, ante quien se vuelve el rostro (...). Pero fue traspasado por nuestras iniquidades y molido por nuestros pecados. Nuestro castigo cayó sobre Él y en sus llagas hemos sido curados.

De todas las respuestas al misterio del sufrimiento, ésta que san Pablo llamará «la doctrina de la Cruz» es la más radical. Porque nos dice que, si la Pasión de Cristo es el precio de la Redención, el sufrimiento humano es la colaboración del hombre en su misma redención. Por eso la Iglesia considera el sufrimiento un bien ante el cual se inclina con veneración, con la profundidad de su fe en la Redención.

Cristo no escondía a sus oyentes la necesidad del sufrimiento: *Si alguno quiere venir en pos de mí, tome su cruz cada día...* Varias veces anuncia a sus discípulos que encontrarán odio y persecuciones por su nombre, al mismo tiempo que se revela como Señor de la Historia: *En el mundo tendréis tribulación, pero confiad: Yo he vencido al mundo.* Si el sufrimiento puede hundir y aplastar, también es cierto que puede acrisolar el corazón humano y acercarlo a Dios. Al sufrimiento deben su profunda conversión, entre otros muchos, santos como Ignacio de Loyola o Francisco de Asís, porque entendieron que Cristo, al morir en la cruz, ha tocado y regenerado las raíces mismas del mal. En cualquier caso, aunque la respuesta de Cristo en la cruz es inequívoca, puede ser desconocida por muchos, o puede necesitar mucho tiempo para ser percibida y aceptada interiormente.

En la parábola del buen samaritano, Jesucristo nos dice que nadie debe ser indiferente ante el dolor ajeno. Que no podemos pasar de largo, sino pararnos junto al que sufre, y no con curiosidad sino con disponibilidad. El buen samaritano no sólo se conmueve, sino que ofrece su ayuda. Encontramos aquí uno de los rasgos esenciales de la antropología cristiana: la dignidad del hombre se realiza en la entrega afectiva y efectiva a los demás. En este sentido, Juan Pablo II llega a decir que parte del sentido del sufrimiento consiste en ser despertador de un amor compasivo y desinteresado hacia el prójimo sufriente. Y añade que las instituciones sanitarias, siendo indispensables, no pueden sustituir al corazón humano, pues no pueden compadecerse y amar.

Por esta parábola entendemos que el cristianismo es la negación de cualquier pasividad ante el sufrimiento. Y nos reafirmamos en esta apreciación al escuchar el agradecimiento de Cristo «porque tuve hambre y me disteis de comer. Tuve sed y me disteis de beber. Estuve preso y vinisteis a verme», pues «cuantas veces hicisteis eso a uno de mis hermanos pequeños, a Mí me lo hicisteis». Cito las palabras finales de la carta *Salvifici doloris*:

El sufrimiento está presente en el mundo para provocar amor, para hacer que nazcan obras de amor al prójimo, para transformar toda la civilización humana en la civilización del amor (...). Las palabras de Cristo sobre el Juicio Final permiten comprender esto con toda la sencillez y claridad evangélica (...). Cristo ha enseñado al hombre al mismo tiempo a convertir su sufrimiento en un bien y a hacer bien a quien sufre. Bajo este doble aspecto ha manifestado cabalmente el sentido del sufrimiento.

Ponía Camus como ejemplo de amistad verdadera la de «un hombre cuyo amigo había sido encarcelado y todas las noches se acostaba en el suelo de su habitación para no gozar de una comodidad arrebatada a aquel a quien amaba». Y añadía el novelista que la gran cuestión para los hombres que sufrimos es la misma: «¿Quién se acostará en el suelo por nosotros?». Sin proponérselo explícitamente, Juan Pablo II responde a Camus con la tortura de Cristo clavado en la cruz: «Si no hubiera existido esa agonía en la cruz, la verdad de que Dios es Amor estaría por demostrar» (*Cruzando el umbral de la Esperanza*).

LA EDUCACIÓN ESCOLAR

La moderna pedagogía nos ha enseñado, con una didáctica demoledora, cómo la tolerancia ilimitada, la permisividad extrema y, en definitiva, la educación sin límites garantizan la educación en y para la impunidad.

MERCEDES RUIZ PAZ
Los límites de la educación

Si educar es preparar para la vida, no es posible una buena vida sin una buena educación. Pero el fracaso escolar crece en España, y esa situación es más preocupante si se la considera como abono perfecto del fracaso existencial entre la gente joven. Varios pueden ser los remedios eficaces, pero pienso que todos han de tener en común una condición imprescindible: llegar a tiempo.

23

La importancia de llegar a tiempo

Entre mis alumnos he visto varios casos de adolescentes que empiezan a torcerse a pesar de su buena cabeza y su buen ambiente familiar. Describo y resumo una mala evolución típica. Problemas de relación con compañeros de clase, o mala influencia de algunos, producen en un chico o chica de trece años pérdida de concentración en el estudio y bajos rendimientos. Ese fracaso les distancia de sus padres. La frustración crece e intenta paliarse con la bebida, el jugueteo con la droga, y las relaciones sexuales ocasionales con colegas de perfil similar. A la edad de veinte años, la vida de estos jóvenes puede ser ya un completo caos, y acuden al psiquiatra con un cuadro más o menos agudo de alcoholismo, drogodependencia y depresión. Ahora la solución quizá sea difícil, pero cuando tenían trece años hubiera sido muy fácil. La pregunta obligada es: ¿qué podíamos haber hecho entonces para no llegar a estos extremos?, ¿hubiéramos llegado a tiempo?

Se nos podría llamar alarmistas o catastrofistas si las estadísticas de la Organización Mundial de la Salud (OMS) no dijeran que el suicidio es la primera causa de muerte entre jóvenes de 18 a 24 años. Por desgracia, múltiples estudios en países occidentales atestiguan que uno de cada cinco niños presenta problemas psicológicos serios, y que uno de cada seis jóvenes de 20 años presenta síntomas de embriaguez crónica. Sólo en Francia, se fugan cada año de sus casas más de cien mil adolescentes. Estos y otros datos igualmente dramáticos, lejos de ser inevitables, son la demostración de que la familia y la escuela llegan demasiado tarde, cuando muchas vidas pueden estar dentro o cerca de la ruina.

Diversas instituciones estatales intentan atajar y reducir estas situaciones con campañas preventivas de información. Pero la experiencia resultante dice que la información, con ser positiva, es muy insuficiente. Entre otras cosas porque el origen del problema no está en la droga, el alcohol, el sexo irresponsable o el fracaso escolar, sino en las crisis afectivas que atraviesan tantos jóvenes, que les llevan a buscar el falso refugio de esas conductas. Por eso, la verdadera eficacia estaría en la prevención, y prevenir significa eliminar la raíz. Una raíz compleja, en la que se entrelazan factores como la herencia genética, la familia, el centro educativo y el entorno social. Si hubiera una solución para esta complejidad, habría de ser una solución educativa, por el lado del desarrollo afectivo. Platón dijo que toda la educación podría resumirse en enseñar al joven qué placeres debe aceptar y rechazar, y en qué medida. Adaslair Macintyre traduce así el consejo platónico: «Una buena educación es, entre otras cosas, haber aprendido a disfrutar haciendo el bien, y a sentir disgusto haciendo el mal».

24

Falta de autoridad y síndrome lúdico

Ya hemos dicho que la buena vida está necesariamente condicionada por la educación recibida. Los más recientes ensayos e informes sobre el mundo escolar español detectan dos puntos por donde nuestra educación hace agua: la falta de autoridad y el síndrome lúdico. Se trata de dos puntos débiles que impiden o comprometen seriamente una educación de calidad. En su exposición sigo de cerca el magnífico ensayo *Los límites de la educación*, publicado por Mercedes Ruiz Paz en 1999.

Decir que toda educación requiere autoridad es casi una afirmación de perogrullo. Hablo de una autoridad que no es el autoritarismo de la violencia física o la humillación, sino el prestigio capaz de garantizar un orden básico. Un orden que precisa información moral sobre lo que está bien y lo que está mal, para que la norma de conducta no sea la ausencia de toda norma, el todo vale.

En el mencionado ensayo, la autora explica que la autoridad supone transmitir la obligatoriedad de unas pautas y valores fundamentales, de unos criterios que ayudarán a construir personalidades equilibradas, capaces de obrar con libertad responsable. Algo que, en en fondo, no es tan difícil.

Todos entendemos que la primera autoridad debe ejercerse y aprenderse en la familia. Y también tenemos claro que esto no siempre sucede. Lo mismo que hay un pensamiento débil, existe un modelo de paternidad débil, capaz de vender los hijos al diablo con tal de no ser demagógicamente tachado de tirano o represor. Pero educar también es reprimir lo que de indeseable pueda haber en una conducta. En estos últimos años, muchos padres y profesores escamotean esta responsabilidad tratando a sus hijos y alumnos de igual a igual, como colegas o amiguetes, sin comprender que la educación no es ni debe ser una relación entre iguales. Con los hijos, por poner un ejemplo, no se puede discutir la necesidad de atención médica, y los padres son responsables de esa atención sin discusión.

Es equivocado atribuir a la autoridad la posible infelicidad de un hijo o un alumno. En realidad, sucede lo contrario. Una correcta autoridad hace que el niño y el joven se sientan queridos y seguros, pues notan que le importan a alguien. Mafalda siente la autoridad de sus padres en cuestiones tan cotidianas como la obligación de tomarse la sopa que detesta. Un día está sola en su habitación y dice: «¿Mamá?». Y oye la respuesta: «¿Qué?». La niña constesta: «Nada. Sólo quería cerciorarme de que aún hay una buena palabra que continúa vigente».

Los expertos en psicología infantil suelen explicar cómo los padres decepcionan al niño si le dejan hacer todo lo que quiere, entre otras cosas porque su equivocada tolerancia hará del pequeño un pequeño tirano antipático. Pero hay adultos que parecen obsesionados por proporcionar a los niños y jóvenes una felicidad absoluta y constante, y sobre ese error se monta otro más craso: el de una permisividad e impunidad casi completas. Cualquier precio parece pequeño con tal de disfrutar de la armonía familiar o escolar, pero la armonía lograda a base de todo tipo de concesiones se asienta sobre un polvorín, pues el niño y el adolescente son por naturaleza insaciables.

Hasta aquí el desenfoque de la autoridad. Otro desenfoque típico de la actual educación es el denominado síndrome lúdico. Como ejemplo, valdría el de un colegio público que abría su proyecto educativo en el curso 1995-96 con estas palabras: «Tenemos como objetivo prioritario el que nuestros niños y niñas sean felices». Además de ser una enorme ingenuidad, tal declaración de intenciones ni siquiera es discutible, pues la actividad principal de un centro escolar no es ni debe ser la lúdica, y menos cuando observamos que el nivel académico de muchos centros está tocando fondo, mientras se convierten en ludotecas o talleres artesanales. Si hace años la inspección o la dirección del centro podían cuestionar al profesor cuyos alumnos a los seis años no leían, en la actualidad se hace sospechoso el profesor cuyos alumnos con seis años leen. «¡Qué habrá hecho! ¡Cómo les habrá forzado!».

El síndrome lúdico, paralelo al desprestigio del esfuerzo personal, tiene raíces profundas en nuestra sociedad. Si los políticos miran a las personas como votantes, la economía capitalista las reduce a la condición de compradores, y concentra su publicidad en conseguir que sus clientes se hipotequen con tal de llevar una vida desparramada y cómoda. Ello suele conducir a sociedades integradas por tipos humanos adolescentes, compulsivos, poco dados a la reflexión, con alergia a la responsabilidad. Esa situación, aplicada a nuestro país, ha hecho decir a Umbral que en España la gente no es de izquierdas ni de derechas, sino de El Corte Inglés. Si esto es así, además del beneficio astronómico de El Corte Inglés, en el terreno educativo –dice Mercedes Ruiz– nos encontramos a unos adultos que son adolescentes educando a otros adolescentes, todos más o menos dominados por un síndrome lúdico que impide la madurez de los alumnos.

De esta ludopatía son responsables los padres en la medida en que explican el colegio a sus hijos más jóvenes como un lugar para jugar con los amigos y pasarlo bien. Corregir ese planteamiento equivocado puede costar al profesor no sangre, pero sí sudor y lágrimas, y en el peor de los casos podría no conseguirlo. El chico ha de saber que al colegio se va a aprender, que sólo se aprende con esfuerzo, que ese esfuerzo merece la pena y es gratificante, y que no debe confundir el ámbito familiar y el escolar. El colegio no es una extensión del hogar, y por eso el alumno no puede levantarse, parlotear o mascar chicle según le venga en gana. Actualmente, «si el alumno no acudiera al centro con los criterios y referencias equivocados, el maestro no tendría que perder tanto tiempo en colocarle en situación de civilidad y sosiego desde la cual comienza a ser posible la enseñanza».

La crisis de autoridad y la confusión entre el aprendizaje y el juego son aliados perfectos para que en el aula se genere un clima de indisciplina que no beneficia a nadie y perjudica a todos. Cualquier profesor admite que hoy, veinte alumnos por clase son más difíciles que cuarenta hace diez años. Y ese mismo profesor no se siente respaldado por los padres de sus alumnos, sabe que con frecuencia no es presentado ante los ojos de niños y jóvenes como una persona que merece respeto, deferencia y atención. «Ahora el problema es que unos muchachos que aún están por civilizar, que aún no tienen suficientes conocimientos, que emocionalmente apenas se han desarrollado, y que están forzosamente carentes de criterios, de lo único de lo que han sido informados es de la posibilidad que tienen de criticar y denunciar todo aquello que contravenga su parecer.»

Esta situación también tiene su explicación en los tiempos que corren. El mundo ha cambiado mucho y rápido. Modos tradicionales de ver la vida y de vivirla quizá no hayan caducado como los yogures, pero han perdido su vigencia. De ahí se suele llegar a la falsa conclusión de que todo es relativo, y entonces deja de tener sentido aconsejar a los hijos y alumnos sobre conductas y valores. Así, muchos padres permanecen bloqueados para ejercer acciones positivamente educativas.

Por otro lado, la sensación de que sus padres se equivocaron con ellos les recuerda que ellos pueden equivocarse a su vez con sus propios hijos, y esa posibilidad hace que conciban la educación en negativo –qué cosas son las que no quieren para sus hijos–, sin elaborar un modelo de referencia positivo transmitido con el propio ejemplo. Mientras tanto, los hijos flotan en la indiferencia y se mueven entre el desconcierto y la desorientación.

25

Enfoques correctos

Hemos dicho que no es posible la buena vida sin una buena educación. Pero ¿quién establece las líneas maestras de la educación? ¿Quién define las coordenadas de una educación de calidad? Hay una respuesta obligada: la familia y las instituciones educativas, respetando siempre la propia tradición cultural. La familia en primer lugar, porque los hijos son hijos de sus padres, no del colegio ni del Ministerio de Educación.

Aunque de hecho no siempre coincidan, padres, colegios y Ministerio de Educación deberían coincidir al elegir como modelos educativos los mejores. En 25 siglos de civilización occidental hay modelos educativos que ganan por abrumadora mayoría y configuran esencialmente nuestra cultura. Modelos integrados por rasgos fundamentales que menciono a continuación.

Se trata de rasgos o cualidades que derivan directamente de la condición humana, que la visten como un traje a la medida y permiten su pleno desarrollo. Desde Aristóteles se define al hombre como animal racional y animal social. Pues bien, la mejor educación de la razón consiste en capacitarla para descubrir el bien y ponerlo en práctica. La inteligencia que descubre el bien se llama conciencia moral (primer rasgo), y el paso de la teoría a la práctica del bien se realiza por medio de la prudencia (segundo rasgo).

Como la realización del bien suele ser costosa, el tercero de los rasgos educativos fundamentales es la fortaleza, esfuerzo por conquistar y defender lo que merece la pena. Además, nuestra constitutiva animalidad aporta a la conducta humana un resorte fundamental: el placer. La educación del placer, su gestión racional, constituye el cuarto rasgo necesario en toda buena educación, y se llama autocontrol, dominio de sí, templanza.

Un quinto rasgo es la justicia, que prescribe el respeto a los derechos de los demás y hace posible la misma existencia de la sociedad. La justicia se concreta en las leyes, reglas de juego que nos permiten salir de la selva y vivir en los dominios de la dignidad. Educar a los jóvenes en el sentido de la justicia y en el control del placer no tiene más o menos importancia... Dice Aristóteles que tiene una importancia absoluta.

La conciencia moral, la prudencia, la justicia, la fortaleza y la templanza son cualidades descubiertas por los griegos. Están esbozadas en Homero y las encontramos en Sócrates, Platón y Aristóteles de forma explícita. Bastaría con citar el mito platónico del carro alado o la *Ética a Nicómaco*. Estas cinco cualidades son heredadas por los romanos y por la Europa cristiana. Pero el cristianismo añade otras tres cualidades o virtudes que hacen referencia directa a las relaciones del hombre con Dios: me refiero a la fe, la esperanza y la caridad.

Decía Pascal –filósofo y matemático– que el último paso de la razón es darse cuenta de que hay muchas cosas que la sobrepasan, y que precisamente por eso es muy razonable creer. En este mismo sentido dice Josef Pieper, uno de los mejores filósofos alemanes del siglo XX, que «muy bien pudiera ocurrir que la raíz de todas las cosas y el significado último de la existencia sólo pudiera ser contemplado y pensado por los que creen». La esperanza en Dios es la cualidad necesaria para el equilibrio psicológico del único animal que sabe que muere. Y la caridad es la forma de amar más adecuada a la dignidad humana: es, en palabras de Borges, ver a los demás como los ve Dios mismo.

LA EDUCACIÓN SENTIMENTAL

Enfadarse es algo muy sencillo, al alcance de cualquiera. Pero enfadarse con la persona que lo merece, en el grado exacto, en el momento oportuno, con el propósito justo y del modo correcto, eso no tiene nada de sencillo.

ARISTÓTELES

26

Inteligencia y sentimientos

La interioridad humana está permanentemente ocupada por un batallón de deseos cuyo cumplimiento o frustración experimentamos en forma de sentimientos positivos o negativos. Los sentimientos constituyen, por tanto, un índice de autorrealización personal. Nos mueven y conmueven desde dentro, y por eso los llamamos afectos, emociones y pasiones. Los sentimientos son estados de ánimo que repercuten de forma constante en nuestra conducta externa. Pueden ser pasajeros y elementales como una pequeña alegría o un enfado sin importancia, complejos como la felicidad o la depresión, y violentos como las pasiones. La gama de los sentimientos es amplia y enmarañada, quizá por eso mal conocida, pero cualquier visión de la vida que minimice su valor pecará de irreal y miope. Por propia experiencia sabemos que a veces nuestros sentimientos pesan en nuestra conducta más que nuestras razones. Erasmo ironizó sobre este punto en un célebre texto:

> Júpiter nos otorga mucha más pasión que razón, en una proporción aproximada de veinticuatro a uno. Él ha erigido dos irritables tiranos para oponerse al poder solitario de la razón: la ira y la lujuria. La vida ordinaria del hombre evidencia cla-

ramente la impotencia de la razón para oponerse a las fuerzas combinadas de estos dos tiranos. Ante ella, la razón hace lo único que puede, repetir fórmulas virtuosas, mientras que las otras dos se desgañitan de modo cada vez más ruidoso y agresivo, empujando a la razón a seguirlas hasta que, agotada, se rinde y se entrega.

De lo dicho se desprende que, en cierto modo, tenemos dos inteligencias: la racional y la sentimental o emocional, y nuestra conducta está determinada por ambas. Si muchas concepciones antropológicas han propuesto un ideal de razón liberada de los impulsos sentimentales, lo realmente razonable será la armonía entre cabeza y corazón, su integración inteligente. Por eso se ha escrito desde antiguo sobre la necesidad de una educación sentimental. En estas páginas hablaremos de ella y emplearemos los términos «sentimiento» y «emoción» de forma indistinta, como lo hace Daniel Goleman en su célebre libro *Inteligencia emocional*.

La educación tradicional ha puesto casi toda su confianza en el coeficiente intelectual (CI), pero es frecuente encontrarse con personas de elevado CI que no saben manejarse en la vida, mientras que otras con modesto o bajo coeficiente triunfan en su vida familiar y profesional. ¿Por qué esa inesperada diferencia? La tesis de Goleman, psicólogo de Harward, identifica el éxito en la vida con un conjunto de habilidades que denomina *inteligencia emocional*, y que incluye el conocimiento de uno mismo y de los demás, el autocontrol y la capacidad de motivarse. Porque saber que un ingeniero ha logrado graduarse con unas notas excelentes equivale a saber que su inteligencia matemática es excelente, pero nada nos dice sobre su forma de reaccionar ante los problemas que le surjan en la vida.

De forma parecida al aprendizaje de una asignatura, la vida emocional constituye un ámbito que puede dominarse con menor o mayor pericia. Y el grado de dominio emocional que alcance cada persona marcará la diferencia entre quien lleva una vida equilibrada y quien, con un nivel intelectual similar, hace de su vida un fracaso. La evidencia dice que alcanzan una vida lograda las personas que saben gobernar sus emociones e interpretar los sentimientos de los demás: desde el noviazgo hasta las relaciones que aseguran el éxito de una organización. Toda la educación sentimental se podría resumir en cuatro puntos:

- Conocimiento y control de las propias emociones.
- Reconocimiento y comprensión de las emociones ajenas.
- Capacidad de motivarse a uno mismo.
- Control de las relaciones interpersonales.

27

Conocimiento propio

No es nada fácil conocerse a uno mismo. La sabiduría griega propondrá ese conocimiento como meta suprema de la vida. «Conócete a ti mismo» es lo que Sócrates procura para sí y para quienes le escuchan. «Que me conozca, Señor, y que Te conozca» es el resumen de todos los intereses agustinianos.

Cuenta Goleman que un samurai pidió a un anciano maestro zen que le explicara el cielo y el infierno. Pero el monje le replicó con desprecio:

—No eres más que un patán, y no puedo perder el tiempo con tus tonterías.

El samurai, herido en su honor, desenvainó su espada y exclamó:

—¡Tu impertinencia te costará la vida!

—¡Eso es el infierno! —replicó entonces el maestro.

Sorprendido por la exactitud del maestro al juzgar la cólera que le estaba atenazando, el samurai envainó la espada y se postró ante él, agradecido.

—¡Y eso es el cielo! —concluyó entonces el anciano.

Esta historia ilustra a la perfección la diferencia entre estar atrapado por una pasión —la ira en este caso— y darse cuenta de que se está atrapado. Por eso el «conócete a ti mismo» constituye la piedra angular de la inteligencia emocional. Para actuar bien conviene conocerse bien. No se trata de desarrollar un morboso afán de introspección, sino de procurar no vivir con uno mismo como un desconocido. Nuestra conciencia emocional y el análisis ponderado de la realidad nos ayudarán, entre otras cosas, a combatir la inestabilidad de ánimo del que sueña con fantasías, del que se sobrevalora y del que se subestima. Además, porque todos tendemos a disculparnos más o menos, parte importante del conocimiento propio es advertir ese sutil autoengaño y admitir la completa responsabilidad que tenemos en la mayoría de nuestras acciones u omisiones.

Con perspicacia ha escrito Susana Tammaro que el conocimiento propio es doloroso, pues una parte de nuestro corazón está en la sombra. Y «contra ese doloroso descubrimiento se oponen en nuestro interior muchas defensas: el orgullo, la presunción de ser amos inapelables de nuestra vida, la convicción de que basta con la razón para arreglarlo todo. El orgullo es quizá el obstáculo más grande: por eso es preciso valentía y humildad para examinarse con hondura».

Parte de la educación sentimental consiste en aprender a expresar con palabras los propios sentimientos, a no percibirlos como un manojo desconcertante de tensiones sin nombre, que nos hacen sentirnos extrañamente mal. En el libro *Educar los sentimientos*, Alfonso Aguiló nos ofrece una esclarecedora relación de defectos relacionados con la educación de los sentimientos:

- Timidez, apocamiento, temor a las relaciones sociales.
- Susceptibilidad, tendencia exagerada a sentirse ofendido.
- Tendencia a dar vueltas en exceso a los problemas y preocupaciones.
- Perfeccionismo, rigidez, insatisfacción.
- Pesimismo, tristeza, mal humor.
- Hábito de mentir, engañar o simular.
- Gusto por incordiar, fastidiar y llevar la contraria.
- Exceso de autoindulgencia y descontrol en la comida, la bebida y otros placeres.

- Tendencia a refugiarse en la fantasía y a la vida perezosa.
- Excesiva dependencia emocional de los demás.
- Charlatanería y frivolidad.
- Resistencia a aceptar las exigencias razonables de la autoridad.
- Tendencia al capricho, las manías o la extravagancia.
- Falta de fortaleza ante las contrariedades inevitables de la vida.
- No saber perder o no saber ganar.
- Dificultad para comprender a los demás y hacernos comprender por ellos.
- Dificultad para trabajar en equipo.

La imagen que uno tiene de sí mismo condiciona su conducta. Hay deportistas y equipos que saltan derrotados al terreno de juego porque se consideran muy inferiores al rival. Si me considero incapaz de hacer algo, me resultará extraordinariamente costoso hacerlo. En cambio, el conocimiento propio propicia la madurez y la estabilidad de carácter. El que se conoce bien no se altera fácilmente por una opinión favorable o desfavorable sobre su persona, por un pequeño triunfo o un fracaso, por una buena o mala noticia. Al contrario, se enfrenta a sus defectos con realismo e inteligencia, aprendiendo de cada error, evitando su repetición, conociendo sus limitaciones y posibilidades.

La percepción que cada uno tiene de sí mismo depende mucho de la que tengan los demás. De ahí la importancia de sentirse valorado y querido por quienes nos rodean. También por eso, gran parte de los trastornos afectivos tienen su origen en una deficiente comunicación con las personas más cercanas. Para evitar esos problemas, o para intentar subsanarlos, es preciso establecer buenas relaciones personales, sobre todo en la familia, entre amigos, con los vecinos y colegas de trabajo. Por eso, la educación de los sentimientos reviste a veces tanta dificultad, y supone un auténtico reto de ingenio y de paciencia, un verdadero arte. Lo que está claro es que la forma más segura de lograr un cambio real en los sentimientos es por medio de la acción. Si la reflexión no nos lleva a la acción, no cambiaremos. Aristóteles decía que no nos interesa tanto saber en qué consiste la salud como estar sanos, ni saber en qué consiste el bien como obrar bien. Pero obrar bien, a su vez, no consiste en realizar actos aislados, sino en repetir actos hasta lograr la consolidación de hábitos.

28

Control y descontrol de los sentimientos

«Que nuestros afectos no nos den la muerte, pero que tampoco mueran», escribió Donne. La prensa y la televisión nos acosan con noticias alarmantes sobre la inseguridad y la degradación de la vida urbana, casi siempre por la irrupción violenta de sentimientos hipertrofiados y descontrolados. Esa creciente pérdida de control sobre las emociones propias es una de las señas de identidad de nuestras modernas sociedades. Se pone así de manifiesto un peligroso grado de torpeza emocional, que a su vez refleja un serio punto débil de la familia y la sociedad entera.

Por fortuna, el sentimiento inclina hacia una determinada conducta, pero no anula la libertad para escoger otra distinta. Por eso, puedo sentir miedo y actuar con valentía, o sentir odio y perdonar, o estar interiormente nervioso y actuar reflexivamente. Lo expresan de forma magnífica unos versos de Juan Ramón Jiménez:

> *Yo no soy yo. Soy este*
> *que va a mi lado sin yo verlo,*
> *que, a veces, voy a ver,*
> *y que, a veces, olvido.*
> *El que calla, sereno, cuando hablo,*

el que perdona, dulce, cuando odio,
el que pasea por donde no estoy,
el que quedará en pie cuando yo muera.

Si a veces podemos obrar cegados por la pasión, no es menos cierto que hay pasiones que aumentan la lucidez del que las padece. Las pasiones de muchos personajes de Shakespeare, lejos de nublar su inteligencia, la dotan de diabólica clarividencia. Hamlet prepara con frialdad y de forma minuciosa su venganza. Macbeth o Ricardo III –lo mismo que cualquier dictador o terrorista profesional– tienen una refinada capacidad para calcular fríamente los pros y los contras de sus ambiciosos planes criminales. Se diría incluso que poseen una gran facilidad técnica de autocontrol. No tienen ofuscada la razón, de forma que no obran sin darse cuenta. Su libertad no está destronada o sojuzgada como en el caso del hombre al que la ira le hace perder la cabeza.

La vida está sembrada de altibajos sentimentales, pero nosotros debemos controlar los sentimientos para que no conviertan nuestra existencia en una montaña rusa emocional. Igual que el fondo de nuestra mente está poblado por un murmullo de pensamientos, también constatamos la existencia de un murmullo emocional. Y todo lo que hacemos en la vida, desde trabajar a diario a jugar con un hijo, no son más que intentos de sentirnos mejor. El arte de sentirse bien constituye una habilidad vital fundamental, quizá el más importante de los recursos psicológicos.

No tenemos poder sobre la aparición y el tipo de las emociones, pero sí tenemos cierta posibilidad de controlar su tiempo de permanencia y su intensidad. El problema no estriba en eludir –por ejemplo– la tristeza, sino en impedir que nos invada por completo y se convierta en depresión. ¿Cómo conseguirlo? La tristeza es un sentimiento que nos sumerge en la soledad y el desamparo. Sus causas pueden ser grandes o pequeñas, objetivas y subjetivas. Y sus consecuencias nos aíslan y nos hacen ver negra la realidad. Más o menos motivada o inmotivada, la tristeza es un sentimiento que debe ser superado, que no debe instalarse de forma crónica en nosotros, pues su modo natural de operar es invasor, en oleadas que ocupan lugares cada vez más amplios y profundos de nuestra vida emocional. Para ello, convendrá abordar los pensamientos que se esconden en el mismo núcleo de lo que nos entristece, cuestionar su validez y considerar alternativas más positivas. Al fin y al cabo, la vida es algo más que un libro de reclamaciones. No se trata de negar que es dura, sino de afirmar que también es luminosa y bella. Si sólo consideramos la cara negativa de nuestra existencia, acabaremos como Hamlet, obsesionados y aplastados por «los mil naturales conflictos que constituyen la herencia de la carne».

La tristeza motivada por fracasos y decepciones se debe combatir aceptando serenamente el contratiempo, evaluando sus dimensiones y sacando conclusiones. Si el error es nuestro, deberíamos aprender a hacer las paces con nosotros mismos. En ambas situaciones se esfuman los fantasmas negativos y se pueden descubrir enseñanzas útiles. Hacer frente a los pensamientos y sentimientos negativos va disipando los estados de ánimo pesimistas, y ese esfuerzo sostenido acaba cristalizando en un hábito. Cuando alguien hace del fracaso una ocasión habitual de endurecer y templar su personalidad, realiza entonces un descubrimiento de valor incalculable. En resumen: una de las claves de la buena educación sentimental es aprender a asumir el fracaso.

Otra estrategia eficaz para el alejamiento de las ideas tristes es la distracción, sin cometer la torpeza de caer en otras dependencias, como los teleadictos que necesitan dosis maratonianas ante el televisor. Otros remedios probados son el cambio de perspectiva con el que juzgamos nuestro problema; el no caer en el victimismo y la autocompasión; pensar que muchas personas sobrellevan bien situaciones peores; buscar el desahogo en personas realistas y prudentes.

En ocasiones, la tristeza, el pesimismo o la irritabilidad podrán ser efectos del cansancio orgánico motivado por un excesivo trabajo o cierto insomnio. La solución pasa por advertir la causa y descansar. Un descanso que quizá no deba consistir en no hacer nada, sino en ocuparse en una afición o en un pequeño trabajo doméstico que nos distraiga. Sin olvidar que somos sociales por naturaleza, y que hacer algo por los demás es una excelente terapia contra la pesadez de dar vueltas a las propias preocupaciones.

Otro sentimiento frecuente y difícil de controlar es el enfado. «Siempre tendremos razones para estar enfadados, pero esas razones rara vez serán buenas», dijo Benjamin Franklin. De hecho, somos muy capaces de enfadarnos por mil pequeñeces, y roer en nuestra cabeza los profundos motivos que nos han llevado al enojo. Un monólogo interno se encarga de alimentar y justificar ese enojo. Pero, cada vez que obramos así, nos equivocamos. Cuantas más vueltas demos al asunto, más justificaciones encontraremos para seguir enfadados. Sólo podremos salir de ese círculo vicioso tomando un punto de vista diferente, encuadrando la situación en un marco distinto y positivo.

A veces, cuando la conducta de alguien nos resulta molesta, una forma de abortar nuestro progresivo enfado es conocer los motivos reales de esa conducta, que en muchos casos son razonables. Sin embargo, nuestra irritabilidad puede cerrar los oídos y negarse a escuchar explicaciones o disculpas. Entonces es el momento de poner en práctica la táctica del enfriamiento. Los psicólogos afirman que las distracciones son un recurso eficaz para modificar nuestro estado de ánimo por la sencilla razón de que es difícil seguir enfadado cuando uno se lo está pasando bien. El truco consiste en darnos permiso para que el enfado vaya enfriándose mientras pasamos un buen rato. En este sentido es útil el ejercicio físico, desde una larga caminata hasta la práctica de cualquier deporte. El poder sedante de la distracción consiste en poner fin a la cadena de pensamientos irritantes.

Se piensa que a veces es mejor dar rienda suelta al enfado. Y eso es correcto precisamente a veces. Porque lo normal es que descargar la ira sea contraproducente, pues nos lleva a decir o hacer cosas de las que nos arrepentimos poco después. En los momentos de indignación es fácil tomar decisiones o lanzar palabras que producen heridas de difícil curación. Y entonces nos encontramos con que algo muy valioso quizá se haya roto para siempre: un afecto, una confianza, una relación necesaria. Esto le puede suceder a un padre con su hijo, a un profesor con un alumno, a un médico con un paciente, a un sacerdote con un feligrés, a un abogado con un cliente... Uno se puede librar de su cólera descargándola a gritos, pero suele ser más eficaz tratar de calmarse y entablar un diálogo orientado a resolver el problema. Un maestro tibetano aconsejaba sobre el enfado: «Ni lo reprimas ni te dejes arrastrar por él».

29

Aprender a motivarse

Hay personas inteligentes que son muy perezosas, y personas de pocas luces muy diligentes y constantes. La diferencia de conducta está en la motivación. Hace falta un motivo para poner en marcha la voluntad, un algo que permita obtener satisfacción donde otros no encuentran ilusión ninguna. Por otra parte, la confianza de una persona en sus propias capacidades otorga a su conducta una gran seguridad. De forma similar, quienes se sienten eficaces se recuperan pronto de sus fracasos, pues tienen motivos para olvidarlos y rectificar.

Está claro que la vida humana es, como mínimo, una carrera de obstáculos. Ningún recién nacido sabe andar, mucho menos correr, y en absoluto es capaz de saltar una valla o un foso. Pero lo podrá aprender con los años. Un adulto puede considerarse incapaz de saltar esos obstáculos, pero también puede intentar su superación hasta conseguirlo de forma habitual y con soltura. En un caso se dejará dominar por el pesimismo, y en el otro ha elegido el optimismo. El optimismo realista, no el ingenuo, es la mejor actitud ante la vida, y es imprescindible en la tarea educativa, porque educar es creer firmemente en la capacidad que tiene el hombre de mejorar a otros y mejorarse a sí mismo.

Todo el mundo sufre reveses que desmoralizan, y eso es inevitable. La cuestión es saber por qué unas personas salen pronto de esa situación mientras otras quedan atrapadas en ella. Como hemos visto, hay dos formas básicas de explicar y afrontar los contratiempos. El estilo pesimista busca explicaciones de tipo personal con carácter permanente: *es culpa mía y voy a ser siempre un fracasado.* Para el optimista, por el contrario, *hay cosas que no dependen de mí, los fracasos no afectan a todas las parcelas de la vida, y, en cualquier caso, no hay mal que cien años dure.*

¿Qué es lo que determina esas lecturas tan diferentes de la realidad? Los psicólogos ven decisiva la educación en edades muy tempranas. Dicen que un niño pequeño tiende a ser naturalmente optimista, y por eso no hay depresiones ni suicidios cuando se tienen cinco o seis años. Pero, conforme va creciendo, el niño comprende los puntos de vista de sus padres, y el optimismo o pesimismo de éstos es percibido y asimilado como si fuera la propia estructura de la realidad.

Otro factor decisivo es el modo en que los adultos –padres, familiares y profesores– aprueban o critican el comportamiento del niño o del joven. No es lo mismo reprochar acciones concretas y coyunturales que lanzar una enmienda a la totalidad. Si a un niño o a una niña se le dice «has dicho una mentira», o «en esta evaluación no has estudiado matemáticas», le parecerá que estas deficiencias son superables. En cambio, si habitualmente se le dice «eres un mentiroso, un desastre en los estudios y un negado para las matemáticas», lo entenderá como algo permanente y muy difícil de evitar.

La educación sentimental que padres y educadores deberían enseñar, puede resumirse en una sabia sentencia: «Tener valentía para cambiar lo que se puede cambiar, serenidad para aceptar lo que no se puede cambiar, y sabiduría para distinguir lo uno de lo otro». A veces, las dificultades existen más en nuestra cabeza que en la realidad, y las imaginamos insalvables. Antes de volar por encima de la velocidad del sonido, bastantes científicos aseguraban que esa barrera era infranqueable. Otros decían que cuando un avión alcanzara el Mach 1, sufriría tal impacto en su fuselaje que reventaría. Hasta que el 14 de octubre de 1947, el piloto Chuck

Yeager rompió la famosa barrera del sonido y descubrió la verdad. En su biografía anotó:

¡Parecía un sueño! Me encontraba volando a una velocidad supersónica y aquello iba tan suave que mi abuela hubiera podido ir sentada detrás tomándose una limonada. Fue entonces cuando comprendí que la verdadera barrera no estaba en el sonido, ni en el cielo, sino en nuestra cabeza, en nuestro desconocimiento.

Podemos experimentar como murallas infranqueables ciertos defectos, circunstancias o limitaciones de diverso tipo. Sin embargo, es muy probable que la realidad sea distinta, y que esas barreras sean superables precisamente por nosotros. Esa superación quizá no sea fácil, pero tampoco tan difícil. El camino de las virtudes y de los valores es imaginado por muchas personas como frío, triste y aburrido, cuando lo cierto es que la mejora personal hace el camino de la vida menos fatigoso, más alegre y más interesante. «Si el semblante de la virtud pudiera verse, enamoraría a todos», dijo Platón.

30

Capacidad de relación

Hay personas cuya torpeza para relacionarse proviene de una escasa educación en todo lo referente a las normas de comportamiento social. Esas carencias suelen provocar el miedo a no saber manejarse con soltura y a cometer errores que parecen extraordinariamente ridículos. La única solución asequible es esforzarse por cultivar cuestiones básicas para la buena convivencia diaria. Alfonso Aguiló señala varias:

- Iniciar o mantener con soltura una conversación circunstancial, para no ser de esos que a las dos palabras tienen que despedirse porque han agotado su conversación y no saben qué más decir.
- Mostrar interés por lo que nos dicen, y hablar sin apartar la mirada.
- Saber decir que no, o dar por terminada una conversación o una llamada telefónica que se alarga demasiado.
- Darse cuenta de que el interlocutor lleva tiempo emitiendo discretas señales de su deseo de cambiar de tema, o de terminar la conversación o la visita.
- No invadir el espacio personal de los demás (no acercarse físicamente demasiado al hablar; no entrar en temas o lugares que

requieren andarse con mucha prudencia y respeto; evitar preguntas molestas o inoportunas, etc.)
- Pedir perdón cuando sea necesario, dar las gracias, pedir las cosas por favor, etc. Es más importante de lo que parece.

En cierto modo, la faceta más importante de la inteligencia interpersonal es la capacidad de formar una familia. El análisis de las discrepancias que han conducido masivamente al divorcio y a la separación constituye un argumento de peso sobre el papel decisivo que desempeña la inteligencia emocional en la estabilidad de la pareja. Cuenta Daniel Goleman que John Gottman, psicólogo de la Universidad de Washington, después de rastrear los altibajos de más de doscientas parejas, pudo predecir con una exactitud del 94 % qué parejas de las estudiadas terminarían separándose.

Según Gottman, las críticas destructivas son la primera señal de alarma. En un matrimonio compenetrado, la esposa y el marido tienen libertad para formular abiertamente sus quejas. Pero cometen una grave equivocación cuando, en medio del fragor del enfado, formulan una queja de modo destructivo, en forma de ataque global al carácter del cónyuge. Si Tom y Linda quedan para ir al cine en la librería de la esquina, puede suceder que Lynda y su hija lleguen a la hora convenida y tengan que esperar a Tom. «¿Dónde se habrá metido? Si alguien sabe cómo estropear algo, ése es tu padre», se queja Lynda. A los pocos minutos aparece Tom, contento por haberse encontrado con un viejo amigo y excusándose por el retraso. Pero su mujer le contesta en estos términos: «Muy bien; ya tendremos ocasión de discutir tu sorprendente habilidad para echar al traste todos los planes. Eres un egoísta y un desconsiderado».

Esta queja es algo más que una simple protesta, es un atentado contra la personalidad del otro, una crítica dirigida a la persona y no a sus actos. Parecen veredictos concluyentes de culpabilidad, condenas inapelables. Este tipo de críticas personales tienen un impacto emocional mucho más corrosivo que una queja razonada, pues dejan a quien la recibe avergonzado, ofendido y humillado. Un insulto encerrado en una sola palabra puede tener el mismo efecto, y también un gesto de desprecio. En el camino que conduce hasta el divorcio, cada una de estas situaciones sienta las bases para la siguiente, en una escala de deterioro creciente.

Las respuestas del cónyuge ofendido de esta manera oscilan entre la discusión y el silencio. Lo más común es devolver el ataque airadamente. El silencio y la expresión pétrea envían un contundente mensaje que combina el distanciamiento, la superioridad y el rechazo. Si esta pauta llega a ser habitual, tiene un efecto devastador sobre la relación, porque aborta toda posibilidad de resolver la desavenencias.

Cuando el juicio al otro cónyuge se parece a un prejuicio –por ejemplo: «siempre soy la víctima de sus enfados injustos»–, en cada discusión se confirma y se refuerza el prejuicio, y el miembro de la pareja que se siente víctima acecha constantemente todo lo que hace el otro para ratificar su propia opinión de que está siendo atacado, ignorado o menospreciado.

Estas actitudes hostiles pueden provocar lo que Gottman denomina «desbordamiento emocional»: una desazón que arrastra consigo a quienes se ven superados por la negatividad de su pareja y por su propia respuesta ante ella. Está claro que todas las parejas atraviesan por crisis similares. El problema comienza cuando uno de los cónyuges se siente continuamente desbordado y se mantiene constantemente en guardia, se vuelve susceptible y reacciona de forma desproporcionada ante lo que falsamente considera una provocación. Cuando el cónyuge que se siente desbordado interpreta todo lo que hace el otro desde una óptica absolutamente negativa, se llega al punto más crítico de una relación de pareja. Entonces parece que los problemas son imposibles de resolver y los dos empiezan a vivir vidas paralelas, en aislamiento completo. El último paso, afirma Gottman, suele ser la separación o el divorcio.

Cierro este capítulo con la extraordinaria cita de su inicio: «Enfadarse es algo muy sencillo, al alcance de cualquiera. Pero enfadarse con la persona que lo merece, en el grado exacto, en el momento oportuno, con el propósito justo y del modo correcto, eso no tiene nada de sencillo». Por eso, la educación sentimental será siempre una importante asignatura pendiente.

LA FAMILIA

La familia es el primer y mejor Ministerio de Sanidad, el primer y mejor Ministerio de Educación, y el primer y mejor Ministerio de Bienestar Social.

WILLIAM BENNETT

El cambio social que ha originado más vivencias traumáticas ha sido el aumento de divorcios y rupturas familiares.

FRANCIS FUKUYAMA

31

Gracias, familia

Me impresionó un texto de Miguel Ángel Mellado en un *Magazine* de *El Mundo*, en diciembre de 1999. Titulaba su columna «Gracias, familia», y arrancaba así:

Imaginemos el escenario mundial más catastrófico; el resultado final de todos los elementos adversos; las confabulaciones más demoníacas posibles con una intención destructiva como único objetivo; las predicciones más negativas por venir, algo así como si el horóscopo que aguarda a la Humanidad hubiera sido escrito por el hijo imposible de Nostradamus y del diseñador esotérico Paco Rabanne. Bueno, pues en este escenario apocalíptico es seguro que habría un organismo superviviente: la bacteria; un mamífero con serias posibilidades de resistir al caos final: las ratas; y una imperecedera institución animal para el funcionamiento del nuevo orden: la familia.

Estas palabras me recordaron otras de Chesterton: que quienes hablan contra la familia no saben lo que hacen, porque no saben lo que deshacen. Pues la familia es la primera condición de la vida buena, algo así como el aire, el agua, la luz y la tierra de cualquier ser humano. También recordé el singular anuncio que un anciano solitario envió al periódico: «Se busca familia para cenar en compañía la Nochebuena y comer el día de Navidad. Yo pondré el pavo». Sea o no real, la anécdota ilustra a la perfección el carácter esencialmente familiar del hombre. De hecho, nadie ha nacido solo y nadie ha nacido para estar solo. El primer desarrollo biológico, nervioso y psicológico del niño necesita de los demás: que otros le alimenten, le cuiden y le enseñen durante largos años, antes de que pueda valerse por sí mismo.

Y después de esta primera socialización en el hogar, vendrá la integración en la sociedad, y con ella la madurez humana. Porque la soledad es antinatural y negativa, hasta el punto de impedir el reconocimiento propio: no hay yo sin tú, y por lo mismo no habría don Quijote sin Sancho Panza, ni Ulises sin Penélope, ni Raskolnikov sin Sonia. El tú es siempre alguien con rostro, un semblante que nos escucha y nos habla: una persona es lo primero que contempla el niño, al reconocer a su madre antes que a sí mismo.

Las relaciones interpersonales hacen al hombre, y su desarollo correcto se rige por el amor, la amistad y la justicia. El amor da origen a la forma más natural y primaria de toda sociedad: la familia. Antes que ciudadano, el hombre es miembro de una familia. Por eso, la familia es, sin duda, la primera y más importante de las formas de convivencia, la tradición más antigua de la humanidad. Si la humanidad no se hubiera organizado en familias, tampoco hubiera podido organizarse en naciones.

Entre los rasgos esenciales de la familia figuran la comunidad de vida, los lazos de sangre, una unión basada en el amor, y tres fines de máxima importancia: proporcionar a sus miembros bienes necesarios para su vida, criar y educar a los hijos, y ser célula de la sociedad. Aristóteles afirma que el ser humano es naturalmente más conyugal que civil. En primer lugar, porque la sociedad civil presupone las sociedades domésticas. En segundo lugar, porque la generación y crianza de los hijos son más necesarias para la vida humana que los bienes proporcionados por la sociedad.

Sin familia, la especie humana no es viable, ni siquiera biológicamente. Un niño, una anciana, un hombre enfermo, no se valen por sí mismos y necesitan un hogar donde poder vivir, amar y ser amados, alimentados, cuidados. El hombre es un ser familiar precisamente porque nace, crece y muere necesitado. Además, todo hombre es siempre hijo, y esa condición es tan radical como el hecho de ser varón o mujer. Ningún niño nace de una encina, decía Homero, y tampoco en soledad, sino en los brazos de sus padres: nace para ser hijo. Por tanto, la filiación, la dependencia de origen, es una característica fundamental de la persona.

32

Razones para la estabilidad

En cuanto a los padres, el hecho de ser hombre y ser mujer los hace naturalmente complementarios: son distintos entre sí, pero mutuamente necesitados desde las profundidades del cuerpo hasta las cimas del alma. Y en su unión familiar, ambos han de aceptar la obligación de un contrato protector de la familia, entre otras cosas porque los hijos necesitan su tiempo, su dinero, su ejemplo, sus conocimientos y sus energías. En palabras de Chesterton: «El lugar donde nacen los niños y mueren los hombres, donde la libertad y el amor florecen, no es una oficina ni un comercio ni una factoría. Ahí veo yo la importancia de la familia». Dicho de otra forma: en la familia, el hombre nace, crece, se educa, se casa, educa a sus hijos y al final muere. En la familia se aprende y se enseña a vivir y a morir, y esa enseñanza realizada por amor es un trabajo social absolutamente necesario, imposible de realizar por dinero.

La familia es, por tanto, el ámbito primero y principal de la vida humana. Y para realizar su tarea propia necesita estabilidad. Aunque hoy se cuestione, la familia aparece como naturalmente estable y monógama, de acuerdo con los sentimientos naturales de sus miembros más débiles: los niños a duras penas soportan la separación de sus padres. La humanidad descubrió muy pronto que el amor, la unión sexual, el nacimiento de un hijo, su crianza y educación, son posibles si existe una institución que sancione la unión permanente de un varón y una mujer: el matrimonio. La fuerza del impulso sexual es tan grande y la crianza de los hijos tan larga que, si no se instituye una unión de los esposos con estabilidad y exclusividad, esas funciones se malogran, y la misma sociedad se ve seriamente perjudicada. Por eso, los que ponen esto en duda deberían pensar seriamente si existe alguna alternativa deseable.

Sería equivocado ver la familia como célula de la sociedad tan sólo en sentido biológico, pues también lo es en el aspecto social, político, cultural y moral. Virtudes sociales tan importantes como la justicia y el respeto a los demás se aprenden principalmente en su seno, y también el ejercicio humano de la autoridad y su acatamiento. La familia es, por tanto, insustituible desde el punto de vista de la pedagogía social. Su propia estabilidad, por encima de los pequeños o grandes conflictos inevitables, es ya una escuela de esfuerzo y ayuda mutua. En esa escuela se forman los hijos en unos hábitos cuyo campo de aplicación puede fácilmente ampliarse a la convivencia ciudadana. De hecho la convivencia familiar es una enseñanza incomparablemente superior a la de cualquier razonamiento abstracto sobre la tolerancia o la paz social.

33

Consecuencias del divorcio

Como todo lo humano, la familia es una organización con defectos reales, y estaría ciego quien no los viera, pero es una ilusión pensar que existen sustitutivos mejores. Es la biología quien obliga a la mujer a descansar tras su maternidad. Es la misma naturaleza quien proporciona a los padres niños muy pequeños, que requieren que se les enseñe no cualquier cosa, sino todas las cosas. Durante décadas, el divorcio se ha recomendado en Norteamérica como panacea para matrimonios mal avenidos. Hasta comprobar que el remedio es peor que la enfermedad. Hoy, el psicólogo Paul Pearson dice que ha llegado la hora de sustituir el lema «si su matrimonio se ha roto, busque nueva pareja» por otro más sano: «si su matrimonio se ha roto, arréglelo».

William Bennett, desde su amplia experiencia como Secretario de Educación y Comisario Nacional del Plan contra la Droga en Estados Unidos, después de reconocer que «demasiados chicos norteamericanos son víctimas del fracaso parcial de nuestra cultura, de nuestros valores y de nuestras normas morales», llega a la siguiente conclusión:

Debemos hablar y actuar en favor de la familia: después de todo, la familia es el primer y mejor Ministerio de Sanidad, el primer y mejor Ministerio de Educación, y el primer y mejor Ministerio de Bienestar Social.

A continuación, Bennett explica que sus cargos públicos le han permitido conocer y estudiar todo tipo de familias.

Cuando una familia funciona, generalmente los chicos también funcionan. Pero actualmente hay demasiadas familias norteamericanas que no funcionan bien. Cuando la familia fracasa, tenemos obligación de intentar suplirla con buenos sustitutos, como los orfanatos. Pero nuestras mejores instituciones sustitutivas son, respecto de la familia, lo que un corazón artificial respecto de un corazón auténtico. Puede que funcionen. Incluso puede que funcionen mucho tiempo. Pero nunca serán tan buenas como aquello a lo que sustituyen. ¿Por qué? Porque el amor de un padre y de una madre por su hijo no puede ser fielmente reproducido por alguien que cobra por cuidar a ese niño, aunque sea una persona muy eficiente.

Una noche se despierta una mujer en su cama, ve una luz encendida y lanza la siguiente advertencia: «¡Mafalda, apaga esa luz y duérmete de una vez, que son las doce y pico!». En las viñetas siguientes, la niña obedece y apaga la luz, mientras refunfuña para sí: «¡Horas extras! ¡Además de ser la madre de una todo el día, encima hace horas extras!». Con frecuencia se olvida que el Estado no es un padre ni una madre, y que por muy poderoso que sea, jamás ha educado a un niño, y nunca lo hará. También se olvida que los niños sólo pueden ser educados si sus padres poseen cierta dosis de autoridad y sentido común. En concreto –aconseja Bennett– deben hablar a sus hijos de lo justo y de lo injusto, del bien y del mal.

Espectadores de una crisis familiar sin precedentes, que afecta sobre todo a las democracias occidentales, Bennett y otros muchos analistas sociales llegan de nuevo a la vieja conclusión de que la familia es la más amable de las creaciones humanas, la más delicada mezcla de necesidad y libertad. Si se apoya en la reproducción biológica, su finalidad es la formación de personas civilizadas y felices. Sólo ella es capaz de transmitir con eficacia valores fundamentales que dan sentido a la vida, y eso la hace especialmente valiosa en un mundo consagrado al pragmatismo.

Si los pedagogos afirman de forma unánime que los primeros años de la vida son de una importancia capital, no podemos decir que la educación familiar no tenga una importancia capital. Y todo lo que se diga sobre las consecuencias de los hábitos desarrollados en la niñez se suma a esta tesis. Poco hay que enseñar a una mariposa o a un pulpo, pero si los seres humanos quieren alcanzar la madurez personal, deben estar bajo la protección de personas responsables durante largos años de crecimiento intelectual y moral. En este hecho evidente y natural descansa la tarea insustituible de la familia.

34

Consejos de un adolescente a sus padres

Revista *Hacer Familia*, enero de 1996, n° 23:

1. Trátame con la misma cordialidad con que tratas a tus amigos. Que seamos familia no quiere decir que no podamos ser amigos también.
2. No me des siempre órdenes. Si me pidieras las cosas en vez de ordenármelas, yo las haría antes y de buena gana.
3. No cambies de opinión tan a menudo sobre lo que debo hacer. Mantén tu decisión.
4. No me des todo lo que pida. A veces pido para saber hasta dónde puedes llegar.
5. Cumple las promesas, tanto si son buenas como si son malas. Si me prometes un permiso, dámelo. Pero si es un castigo, también.
6. No me compares con nadie, especialmente con mis hermanas o hermanos. Si me ensalzas, el otro va a sufrir, y si me haces de menos, quien sufre soy yo.
7. No me corrijas en público. No es necesario que todo el mundo se entere.
8. No me grites. Te respeto menos cuando lo haces.
9. Déjame valerme por mí. Si tú lo haces todo, nunca aprenderé.

10. No mientas delante de mí. Tampoco pidas que yo mienta por ti, para sacarte de un apuro.

11. Cuando haga algo malo, no me exijas que te explique por qué lo hice. A veces, ni yo mismo lo sé.

12. Cuando estés equivocado en algo, admítelo y crecerá mi estima por ti, y yo aprenderé a admitir mis equivocaciones.

13. No me pidas que haga una cosa que tú no haces. Aprenderé y haré siempre lo que tú hagas, aunque no lo digas.

14. Cuando te cuento un problema no me digas «ahora no tengo tiempo para tus tonterías» o «eso no tiene importancia». Trata de comprenderme y ayudarme.

15. Quiéreme y dímelo. Me gusta oírtelo decir, aunque tú no lo creas necesario. Me agrada mucho.

Una historia de la felicidad

Ningún proyecto les sería imposible. No conoce-
rían el rencor, ni la amargura, ni la envidia. Pues sus
medios y sus deseos se armonizarían en todo punto,
en todo tiempo. Darían a este equilibrio el nombre
de dicha y, con su libertad, su prudencia y su cultura, sabrían preservarla, descubrirla en cada instante
de su vida común.

GEORGES PEREC

35

Una pareja en París

La cita de Georges Perec con la que abrimos este capítulo está tomada de su novela *Las cosas*. Se trata de un breve relato protagonizado por una joven pareja que sueña con ser feliz en un apartamento bien amueblado. La sala de estar tendría una librería de madera de cerezo y un diván de cuero negro. En invierno, corridas las cortinas, con varios puntos de luz y grandes zonas en penumbra brillarían todas las cosas: la madera barnizada, la seda densa y rica, el cristal tallado, el cuero... Sería un puerto de paz, una isla de felicidad.

A Jèrôme y Sylvie les habría gustado ser ricos. Habrían sabido vestir, mirar, sonreír como la gente rica. Les habría gustado andar, vagar, elegir, apreciar. Su vida habría sido un arte de vivir. De hecho, vivían rodeados por las ofertas falaces y cálidas de un París que era una perpetua tentación, y deseaban sucumbir a esa tentación cuanto antes y para siempre. Pero el horizonte de sus deseos estaba tenazmente cerrado y sus grandes sueños pertenecían al mundo de la utopía. Porque vivían en un piso diminuto. La falta de espacio resultaba agobiante ciertos días. Apenas podían moverse y respirar. Aunque se anexionaran en sueños los pisos contiguos, siempre acabarían encontrándose con lo suyo, lo único realmente suyo: treinta y cinco metros cuadrados.

Jèrôme tenía veinticuatro años. Sylvie veintidós. Les hubiera gustado, como a todo el mundo, entregarse a un ideal, sentir una necesidad imperiosa que hubieran llamado vocación, una pasión que los hubiera empujado y colmado. Por desgracia, sólo conocían una: la de vivir mejor, y los agotaba. El enemigo era invisible y estaba dentro de ellos, los había podrido, gangrenado, destrozado. Perec nos dice que, en el fondo, Jèrôme y Sylvie eran dóciles productos de un mundo que se mofaba de ellos. De un mundo donde era obligado desear siempre más de lo que se podía adquirir. Por eso estaban hundidos hasta el cuello en una tarta de la que sólo obtenían migajas.

36

Un imposible necesario

Suelo abordar el tema de la felicidad con una historia que muestre a mis alumnos el carácter problemático de esa ineludible aspiración humana. Sólo entonces emprendemos un repaso a la historia del pensamiento, para ver cómo se ha interpretado a lo largo de los siglos la satisfacción e insatisfacción de este deseo. A los sistemas éticos les gustaría conducirnos de la mano hasta la felicidad, y no se puede decir que no lo hayan intentado. Sobre todo en la antigüedad clásica se pensó que esa meta era asequible, y se identificó la felicidad con el placer, con la tranquilidad de espíritu, con la virtud..., sin que los resultados fueran muy satisfactorios.

En el inicio de la modernidad, los ilustrados fueron protagonistas de un renovado interés por la felicidad, concebida en la forma pragmática que se ha denominado utilitarismo. A comienzos del tercer milenio, la felicidad sigue siendo tan escurridiza e improbable como siempre.

«Me dice ven, y cuando voy se echa a volar». Así canta Ana Belén la atracción inevitable que convierte la vida humana en búsqueda constante de un paraíso que no encontramos en ningún mapa. La felicidad es la gran asignatura pendiente en el plan de estudios de la vida misma, la gran laguna de todo currículum. Porque la buscamos por dentro, por fuera, por encima y por debajo de todo lo que hacemos. Porque ocupa y envuelve nuestra vida entera, vestida casi siempre de ausencia. Julián Marías ha explicado admirablemente que las cosas que perseguimos nos interesan en la medida en que van a traernos la felicidad, o la van a hacer más probable, o la van a restablecer si se ha perdido. Y su contradictoria condición de «imposible necesario» muestra el peso real e inmenso que tiene en nuestras vidas.

Empeño que nos deja perplejos por su necesidad vital y su superlativa vaguedad. Porque el querer ser feliz no es objeto de libre decisión: constituye una exigencia que no puede quitarse de la circulación. De hecho, la felicidad puede definirse como el conjunto de todas aquellas cosas que la voluntad es incapaz de no querer. Josef Pieper, un reconocido filósofo alemán, explica que en el acto mismo de nuestra constitución como personas, sin que nadie nos preguntase, fuimos disparados como una flecha hacia un determinado blanco, y como consecuencia de ese inicial impulso, hay en nuestra trayectoria una inercia sobre la cual no tenemos poder alguno, porque esa fuerza impulsora somos nosotros mismos.

Sabemos que no sabemos dónde buscarla, pero la buscamos con todo lo que somos y tenemos. Ella, por su parte, juega con nosotros porque llega sin previo aviso y se va cuando quiere. Goza de completa libertad e independencia para entrar y salir de nuestra vida. Y cuando se digna visitarnos, su visita es fugaz y caprichosa, siempre nos coge por sorpresa, y la experimentamos como un regalo inmerecido. Así lo expresa Pedro Salinas:

> Y súbita, de pronto
> porque sí, la alegría.
> Sola, porque ella quiso,
> vino. Tan vertical,
> tan gracia inesperada,
> tan dádiva caída,
> que no puedo creer
> que sea para mí.

37

En Grecia y Roma

Aristóteles constata que casi todo el mundo llama felicidad al máximo bien que se puede conseguir, pero reconoce que nadie sabe exactamente en qué consiste. Unos creen que es el placer, la riqueza o los honores. Otros piensan que es otra cosa. A menudo, la misma persona cambia de opinión y, cuando está enferma, piensa que la felicidad es la salud; si es pobre, la riqueza; si es inculta, la cultura. Para constatar que casi nadie sabe exactamente en qué consiste la felicidad, el lector puede lanzar esa pregunta entre sus amigos.

La historia, por boca de sus máximos protagonistas, le da puntualmente la razón. Sólo dos ejemplos. Abderramán III, en cincuenta años de poder y esplendor, nos dice que anota en su diario «los días de pura y auténtica felicidad que he disfrutado: suman catorce». Napoleón, jovencísimo dueño y señor de media Europa, escupe aburrimiento, asegura que la grandeza y la gloria le resultan insípidas, y nos regala esta perla: «A mis veintiocho años he agotado todo».

Por naturaleza, el hombre es animal, racional y social. Desde las primeras páginas de la *Ética a Nicómaco*, Aristóteles retrata al hombre excelente como una síntesis de tres formas de vida: la biológica, la social y la intelectual. Nuestra naturaleza necesita salud, alimento y otros cuidados, pero el que quiera ser feliz no necesitará esos bienes exteriores en gran número y calidad, pues con recursos moderados se puede lograr la excelencia. La vida en sociedad es otra condición necesaria de la felicidad. Y en el origen y plenitud de la vida social, la amistad. «Sin amigos nadie querría vivir, aunque tuviera todo tipo de bienes». Por eso, «sería absurdo atribuir al hombre feliz todos los bienes y no darle amigos, que parecen constituir el mayor de los bienes exteriores».

El análisis aristotélico de la felicidad es completo y matizado. Su resumen, empleando sus mismas palabras, podría ser lo que sigue: la felicidad consiste en la virtud, sin olvidar que necesitamos bienes materiales, pues es muy difícil hacer algo cuando se carece de recursos; y entre esos recursos, los amigos y las riquezas. Y como esto no depende totalmente de nosotros, está claro que la felicidad requiere cierta buena suerte. En este sentido, si algo es un don divino, más debe serlo la felicidad, puesto que es la mejor de las cosas humanas.

Séneca y los estoicos proclaman que la felicidad se encuentra en la liberación de las pasiones. Para evitar desengaños, cultivan la indiferencia hacia los bienes que la fortuna puede dar o quitar. El estoico quiere ser autosuficiente, bastarse a sí mismo. Se diría que pretende ser feliz con independencia de la misma felicidad, sustituyendo la felicidad por el sosiego. Pero la pretensión de amputar el deseo es imposible. Y si fuera posible, su fruto serían seres humanos disecados.

38

Ilustrados y utilitaristas

La felicidad fue la gran obsesión del Siglo de las Luces, tan próximo al nuestro en sus planteamientos de fondo. «No tenemos otra cosa que hacer en este mundo que procurarnos sensaciones y sentimientos agradables», escribía Madame du Châtelet, la gran amiga de Voltaire. El mañana es incierto y el más allá está oscuro. Busquemos la felicidad en la tierra. Y pronto. Así razonaban los moralistas ilustrados. Su filosofía tendrá una sola meta: la búsqueda y captura de la felicidad.

Deberíamos recordar, aconseja uno de ellos, que los egipcios no fueron felices, ni los cultivados griegos, ni los poderosos romanos, ni la Europa cristiana. Y no lo fueron porque nunca se lo propusieron seriamente, científicamente. La felicidad de los ilustrados es calculada y programada, y ello les exige conformarse con un producto devaluado. Para los creyentes en la diosa Razón, moderar la imaginación y razonar a fondo es el punto de partida de una vida feliz. La imaginación no debe anticipar los males, ni magnificarlos, y tampoco debe perseguir alegrías inaccesibles y multiplicar los espejismos. Con la serena razón debemos ver la vida como es, sin pedir lo que no puede ser. No nos quejemos de una condición mediocre. Pensemos cuántas calamidades no hemos tenido que soportar. «Los esclavos, los que no tienen de qué vivir, los que sólo viven con el sudor de su frente, los que languidecen con enfermedades crónicas, son una gran parte del género humano. ¿Qué ha faltado para que fuésemos de ella? Aprendamos cuán peligroso es ser hombres y contemos las desdichas de que estamos exentos como otros tantos peligros de que hemos escapado» (Fontenelle, *Du bonheur*).

Con este pragmático realismo, administremos nuestros pequeños pero reales bienes. Huyamos de las alboratadas pasiones, que sólo provocan trastornos y penas. Busquemos la vida tranquila y la armonía con nosotros mismos. Y si alguien piensa que esa vida es aburrida, no discutiremos con él: ¿qué idea tendrá de la condición humana el que se queja de estar sólo tranquilo? Es cierto que la mala fortuna siempre nos puede jugar una mala pasada, pero si estamos alerta podemos prevenir muchos azares. En la medida en que vigilamos, somos los conductores de nuestra propia vida. Vivamos en el presente y llenemos nuestros días de sus pequeñas alegrías: una conversación agradable, un rato de deporte, una lectura. Lo presente es lo que importa, pues el porvenir es un charlatán que nos engaña a menudo. No nos pongamos trágicos, ni siquiera al pensar en la muerte; ni al tenerla delante. Cultivemos el buen humor, ese vestido que deberíamos llevar todos los días. Pongamos sobre nuestra nariz unas gafas benevolentes para que todo adquiera color risueño. El día que los hombres sonrían desaparecerán muchos venenos del espíritu.

Al establecimiento de la felicidad universal debía contribuir una nueva virtud: la tolerancia universal. Si alguien niega su necesidad y sus ventajas, puede ser considerado como un auténtico monstruo. Hemos de convivir por el respeto, no por el hierro y el fuego. Por desgracia, el optimismo universal de los ilustrados no desembocó en la tolerancia ni en la concordia política. Los filósofos no gobernaron los Estados, pues lo siguieron haciendo los eternos Maquiavelos. Tampoco hubo, por supuesto, paz universal. El progreso científico también hizo progresar la capacidad militar de destrucción. En cualquier momento, el hambre y la peste aparecían y diezmaban algunas provincias. «En todas partes se sufría, como es ordinario. Sin embargo, la Europa occidental quería persuadirse de que vivía en el mejor de los mundos posibles; y la doctrina del optimismo era su gran recurso» (Paul Hazard, *El pensamiento europeo en el siglo XVIII*).

La felicidad ilustrada tiene su traducción pragmática en Gran Bretaña: el utilitarismo. Se trata de una nueva versión del hedonismo, al modo de Epicuro: buscar inteligentemente el placer y evitar el dolor. Ahí está la felicidad, único fin de los actos humanos para Stuart Mill, «única prueba por la cual se juzga la conducta humana; de donde se sigue necesariamente que éste debe ser el criterio de la moral». Aunque parece un criterio moral claro y verificable, no lo es en absoluto. Sus propios fundadores no se ponen de acuerdo. Bentham ideó un cálculo hedonístico para medir la mayor felicidad posible para el mayor número posible. A su juicio, sólo el placer es la fuente genuina de la felicidad. Después, Mill distinguió entre placeres inferiores y superiores, según un criterio cualitativo: «Es mejor ser un Sócrates desgraciado que un cerdo satisfecho».

MacIntyre, en su *Historia de la Ética*, señala que el problema de escoger como criterio moral conceptos como placer, deber o felicidad consiste en su degeneración. Nacen como nociones que apuntan a ciertas metas, y se transforman en posibilidad de dirigirse a cualquier meta. Si placer y felicidad significan algo diferente para cada persona, el utilitarismo ya no sirve como criterio, y si significan algo determinado, entonces es falso que todos los hombres lo deseen o deban desearlo. Por otra parte, sólo se debe aspirar a la felicidad para el mayor número cuando en la sociedad se aceptan normas básicas de conducta decente. ¿Qué aplicación tendría el principio de máxima felicidad en una sociedad que pone su aspiración común en el asesinato en masa de los judíos?

39

Teresa de Calcuta en Internet

Encontré su resumen de la felicidad navegando por la red, como un tesoro a la deriva informática, como un regalo capaz de sorprender a cualquier internauta. Transcribo lo que apareció en mi pantalla:

El día más bello: hoy.
La cosa más fácil: equivocarse.
El obstáculo más grande: el miedo.
El mayor error: abandonarse.
La raíz de todos los males: el egoísmo.
La distracción más bella: el trabajo.
La peor derrota: el desaliento.
Los mejores maestros: los niños.
La primera necesidad: comunicarse.
La mayor felicidad: ser útil a los demás.
El misterio más grande: la muerte.
El peor defecto: el mal humor.
El ser más peligroso: el mentiroso.
El sentimiento más ruin: el rencor.
El regalo más bello: el perdón.
Lo más inprescindible: el hogar.

La ruta más rápida: el camino correcto.
La sensación más grata: la paz interior.
El arma más eficaz: la sonrisa.
El mejor remedio: el optimismo.
La mayor satisfacción: el deber cumplido.
La fuerza más poderosa: la fe.
Los seres más necesitados: los padres.
Lo más hermoso de todo: el amor.

SER LIBRE

¿Qué es en realidad el hombre? Es el ser que siempre decide lo que es. El ser que ha inventado las cámaras de gas y al mismo tiempo ha entrado en ellas con paso firme, musitando una oración.

VIKTOR FRANKL

40

Ser humano es ser libre

En boca de ese hombre íntegro que es don Quijote, emociona escuchar su apasionado elogio de la libertad, «uno de los más preciosos dones que a los hombres dieron los cielos; con ella no pueden igualarse los tesoros que encierra la tierra ni el mar encubre; por la libertad, así como por la honra, se puede y debe aventurar la vida». Miguel de Cervantes sabía lo que decía, hablaba por experiencia propia. Más que literatura, nos muestra en esta frase una de las cicatrices de su alma, tras largos años de cautiverio en Argel.

La historia de la humanidad, desde Altamira y Atapuerca, es la historia de la libertad. Porque la diferencia fundamental entre un ser humano y cualquier otro animal no es morfológica: es la libertad inteligente. Gracias a ella el hombre posee la admirable posibilidad de ser causa de sí mismo. Y la posee en exclusiva. La oveja siempre temerá al lobo, y la ardilla siempre vivirá en las copas de los árboles. Sólo saben desempeñar, como cualquier otro animal, un papel necesariamente específico, invariablemente repetido por los millones de individuos que componen la especie, quizá durante millones de años. El hombre, por el contrario, elige su propio papel, lo escribe a su medida con los matices más propios y personales, y lo lleva a cabo con la misma libertad con que lo concibió: por eso progresa y tiene historia. Visto un león, decía

Gracián, están vistos todos, pero visto un hombre, sólo está visto uno, y además mal conocido.

El desarrollo fisiológico de cada hombre está contenido en sus genes desde el principio, pero en éstos no está escrita su libertad. Los genes establecen cómo será el color de su piel y de sus ojos, su estatura, su grupo sanguíneo y mil cualidades más. Pero nada dirán sobre sus ilusiones, sus proyectos o su cultura, ni qué amigos tendrá o qué ciudad escogerá para vivir. Está claro que ser hombre es ser libre. Y que la libertad es la capacidad que posee el ser humano de decidir por sí mismo. Por ello, en último término, toda decisión libre es impredecible. En la isla de la ninfa Calipso, Ulises vivía amado por la diosa y hubiera sido inmortal, pero escogió regresar junto a Penélope. Éstas son sus razones: «Venerable diosa, no te enfades conmigo, que sé muy bien cuánto te es inferior la discreta Penélope en figura y en estatura, pues ella es mortal y tú inmortal sin vejez. Pero aun así, quiero y deseo todos los días marcharme a mi casa y ver el día de mi regreso».

La libertad se define como el poder de dirigir y dominar los propios actos, la capacidad de proponerse una meta y encaminarse hacia ella, el autodominio con el que los hombres gobernamos nuestras acciones. En el acto libre entran en juego las dos facultades superiores del psiquismo humano: la inteligencia y la voluntad. La voluntad elige lo que previamente ha sido conocido por la inteligencia. Antes de elegir es preciso deliberar, hacer circular por la mente las diversas posibilidades, con sus diferentes ventajas e inconvenientes. La decisión es el corte de esa rotación mental de posibilidades. Me decido cuando elijo una de las posibilidades debatidas; pero no es ella misma la que me obliga a tomarla; soy yo quien la hago salir del campo de lo posible. Por eso Ulises, aunque reconoce que la ninfa Calipso le acogió gentilmente, lo alimentó y le prometió hacerle inmortal y libre de vejez para siempre, agrega que «no logró convencer mi corazón dentro del pecho». El héroe griego prefirió no ser un dios, rechazó el amor de una diosa y eligió a su mujer Penélope.

En la elección libre, la posibilidad favorecida se hace mía de un modo definitivo no porque las demás me sean totalmente ajenas

—como si no ejercieran sobre mí ninguna sugestión–, sino porque íntima y originariamente doto a ésta de un valor conclusivo. Y eso es lo que se aprecia en la decisión firme de Ulises: es libre porque puede preferir lo objetivamente inferior.

Hay una libertad física que equivale a la libertad de movimiento: poder ir y venir, entrar o salir, subir o bajar, hacer esto o aquello. Pero hemos dicho que la raíz de la libertad está en la voluntad, y la acción voluntaria es, ante todo, una decisión interior. Esto es sumamente importante pues significa que el hombre privado de libertad física sigue siendo libre: conserva la libertad psicológica. De hecho, al hombre se le puede arrebatar todo salvo la última libertad: la elección de su propio talante interior, de su forma de ver la vida y estimar determinadas ideas o personas. Ningún poder humano está legitimado para asaltar ese reducto último de la personalidad, y sólo podrá intentarlo por la tortura. Ricardo Yepes ha escrito que la tortura es la violencia encaminada al quebranto de la libertad interior. Los cañonazos podrán reducir a una ciudad a polvo y cenizas, pero nunca matarán el derecho y la aspiración a la libertad. Los mártires prefieren la muerte a la pérdida de su íntima libertad, y muchos perseguidos por sus ideales se reafirman en ellos.

La libertad interior es la base de los derechos humanos. De ella brota el derecho a la libertad de opinión y expresión, a la libertad de conciencia y a vivir según las propias convicciones. Así entendida, la libertad es un ideal irrenunciable. Pero se impone un uso inteligente de la misma, y no un abuso torpe. No somos pedruscos, ni árboles, ni máquinas, sino seres dotados de una indeterminación que nos obliga a sopesar, y escoger. Además, sabemos que podemos triunfar o fracasar porque conocemos, como nos recuerda José Antonio Marina, «las lecciones de la historia, el ejemplo de los héroes, el recuerdo de las víctimas, los análisis de los filósofos, las propuestas de los grandes creadores morales, los problemas de la vida cotidiana; nuestro desamparo y nuestro miedo, también nuestra benevolencia y nuestro ánimo, los descubrimientos de la ciencia y, sobre todo, la no desalentada esperanza de ser felices y la capacidad creadora de la inteligencia».

41

Libertad limitada

El hombre no es un ser absoluto porque ninguna de sus facultades lo es. La limitación es triple: física, psicológica y moral. Necesita nutrirse y respirar para conservar la vida; no es capaz de conocer y querer todo; y respecto a la moralidad de sus actos, sabe con seguridad que hay acciones que puede pero no debe realizar. Estos tres aspectos limitan el campo de la libertad humana y orientan sus elecciones. Pero ello no debe considerarse como algo negativo: parece lógico que a un ser limitado le corresponda una libertad limitada, que el límite de su querer sea el límite de su ser. De otra forma, si la libertad humana fuera absoluta, habría que comenzar a temerla como prerrogativa de los demás.

La libertad tampoco es absoluta porque tiene un carácter instrumental: está al servicio del perfeccionamiento humano. Los colores y el pincel están en función del cuadro; la libertad está en función del proyecto vital que cada hombre desea, y es el medio para alcanzarlo. Por eso la libertad no es el valor supremo: nos interesa porque hay algo más allá de ella que la supera y marca su sentido. Ser libre no es exactamente ser independiente. Al menos, si por independencia entendemos no respetar los límites señalados anteriormente. Cortar esos vínculos sería cortar las raíces o lanzarse a navegar sin rumbo, y por eso, como escribe Tocqueville, «la Providencia no ha creado al género humano ni enteramente independiente ni completamente esclavo. Ha trazado, es cierto, un círculo mortal a su alrededor, del que no puede salir; pero dentro de sus amplios límites el hombre es poderoso y libre, lo mismo que los pueblos».

La limitación humana supone que cada elección lleva consigo una renuncia: estar leyendo o redactando este capítulo significa renunciar a estar, en este momento, jugando al tenis o nadando. A su vez, nadar supone no poder, al mismo tiempo, estudiar o pasear. El problema que se plantea debe resolverlo la libertad sopesando el valor de lo que escoge y de lo que rechaza. ¿Quién se atreverá a decir que escoge la vagancia o la hipocresía porque valen tanto como sus contrarios? Puestos a renunciar, sólo vale la pena preferir lo superior a lo inferior.

Igual que el orden físico, el orden moral está sometido a límites propios. Y traspasarlos es siempre peligroso. Cualquier psiquiatra sabe que en la raíz de muchos desequilibrios se esconden acciones a veces inconfesables. Ser libre no significa estar por encima de la moral, aunque otorga la posibilidad de no aceptarla y no cumplirla. Ahora bien, la inmoralidad nunca puede defenderse en nombre de la libertad, pues entonces no podríamos condenar inmoralidades como el asesinato, la mentira o el robo.

La libertad está sabiamente limitada por las leyes. A simple vista podría pensarse que la ley es el principal enemigo de la libertad, como piensan los ácratas. Sin embargo, tal oposición sólo es aparente. Al ser el hombre un ser limitado, traspasar esos límites equivaldría a volverse contra sí mismo, algo comparable a lo que ocurriría si alguien se negara a comer o a respirar. De hecho, una existencia sin leyes es tan imposible como un círculo cuadrado. Con humor ha escrito Antonio Orozco que «si no hubiese ley de la gravedad, los cuerpos en lugar de caer hacia abajo podrían "caer" hacia arriba; podríamos ser despedidos súbitamente al espacio; el mar treparía y lo inundaría todo; el océano se secaría; las estrellas y los planetas chocarían entre sí; no habría tierra firme ni lugar donde asirnos; la sopa no estaría fija en el plato: se dispersaría, untándolo todo con su pringosa sustancia».

La libertad es asunto muy personal, pero la condición social del hombre exige que cada uno respete la libertad de los demás. Si a ello se añade que toda elección debe buscar lo mejor, podemos concluir que no es correcto identificar lo libre con lo espontáneo. La libertad, desde cierto ángulo, es justamente la negación de la espontaneidad: es el dominio de la razón y de la voluntad. Espontáneamente mentiríamos, insultaríamos, rechazaríamos el esfuerzo y el sacrificio..., pero sólo somos libres cuando entre el estímulo y nuestra respuesta interponemos un juicio de valor y decidimos en consecuencia.

La idea de que lo espontáneo es lo natural, y por tanto lo bueno, supone ponerse en manos de la biología. José Antonio Marina nos previene contra esa extendida confusión: «Casi todos los burros que conozco son, desde luego, muy espontáneos, pero tengo mis dudas acerca de su libertad». Lo espontáneo en el hombre, como en el animal, es la búsqueda del placer sensible, pero Séneca nos advierte que «el que persigue el placer pospone a él todas las cosas, y lo primero que descuida es su libertad». Mientras los animales conocen el bien sólo como objeto de su satisfacción sensible, el hombre lo capta como bien, y es capaz de ponerlo en relación con otros bienes superiores e inferiores. Por eso, mientras que ante la comida el animal hambriento se dirigirá necesariamente hacia ella, el hombre hambriento podrá comer o esperar, conforme lo vea conveniente. No es movido necesariamente sino libremente. Un simple motivo para no comer será apreciar que la comida no es suya, no haber concluido la jornada de trabajo, observar un régimen de adelgazamiento, etcétera.

Sócrates consideraba el autodominio como la manifestación más elevada de la excelencia humana. Un autodominio que se manifiesta cuando el hombre se enfrenta a los estados de placer, dolor y cansancio, cuando se ve sometido a la presión de las pasiones y de los impulsos. El autodominio, en definitiva, significa el dominio de la propia animalidad mediante la propia racionalidad. Se comprende así que Sócrates haya identificado la libertad humana con el dominio racional de la animalidad: el hombre verdadera-bre es el que domina sus instintos, y el hombre verdade-esclavo es el dominado por ellos.

42

Libertad responsable

Cuenta Norman Mailer que el mayor Jerry Person creyó ver a Mónica Lewinsky paseando por Greenwich Village. Dudó entre hablarle o no y, al final, se alejó preguntándose: «¿Es que esta chica sabe que acaba de desencadenar una guerra en los Balcanes?». El carácter instrumental de la libertad hace que su uso pueda ser doble y contradictorio, como un arma de dos filos que puede volverse contra uno mismo o contra los demás: esclavitud, abuso, intolerancia, asesinato, alcoholismo, drogadicción..., y también simple pereza, irresponsabilidad, mal carácter, cinismo, envidia, insolidaridad... Pertenece a la perfección de la libertad el poder elegir caminos diversos para llegar a buen puerto. Pero inclinarse por algo degradante —en eso consiste el mal— es una imperfección de la libertad. Si uno tropieza no es porque ha visto el obstáculo sino por todo lo contrario. Del mismo modo, cuando libremente se opta por algo perjudicial, esa mala elección es una prueba de que ha habido alguna deficiencia: no haber advertido el mal o no haber tenido suficiente fuerza para evitarlo. En ambos casos la libertad se ha ejercido defectuosamente, y el acto resultante es malo. «¿Quiere nuestra voluntad siempre lo que querríamos que quisiese? ¿No quiere a menudo lo que le prohibimos querer, y para nuestro evidente daño?» (Montaigne).

Es patente que la voluntad rechaza en ocasiones lo que la inteligencia presenta como bueno. Incluso el que aconseja bien puede no ser capaz de poner en práctica su buen consejo. En esos casos, para evitar la vergüenza de la propia incoherencia, el hombre suele buscar una justificación con apariencia razonable –las razonadas sinrazones de Don Quijote–, y se tuerce la realidad hasta hacerla coincidir con los propios deseos. El mismo lenguaje se pone al servicio de esa actitud con expresiones típicas: a mí me parece, esto es normal, todo el mundo lo hace, no perjudico a nadie, etc.

Todo acto libre es imputable, es decir, atribuible a alguien. Normalmente los actos pertenecen al sujeto que los realiza, porque sin su querer no se hubieran producido. Es el agente quien escoge los fines y los medios y, por consiguiente, quien mejor puede dar explicaciones sobre los mismos. Así, del mismo modo que la libertad es el poder de elegir, la responsabilidad es la aptitud para dar cuenta de esas elecciones. Libre y responsable son dos conceptos paralelos e inseparables, y por eso se ha dicho que a la Estatua de la Libertad le falta, para formar pareja ideal, la Estatua de la Responsabilidad.

Explica Fernando Savater que vivimos rodeados por teorías que pretenden disculparnos del peso de la responsabilidad en cuanto se nos hace fastidioso: el mérito de mis acciones es mío, pero mi culpabilidad puedo repartirla con mis padres, con la genética, con la educación recibida, con la situación histórica, con el sistema económico, con cualquiera de las circunstancias que no está en mi mano controlar. Todos somos culpables de todo, luego nadie es culpable principal de nada. Un ejemplo que el citado autor suele poner en sus clases de ética es elocuente:

Supongamos una mujer cuyo marido emprende un largo viaje; la mujer aprovecha esa ausencia para reunirse con un amante; de un día para otro, el marido desconfiado anuncia su vuelta y exige la presencia de su esposa en el aeropuerto para recibirle. Para llegar hasta el aeropuerto, la mujer debe atravesar un bosque donde se oculta un temible asesino. Asustada, a su amante que la acompañe pero éste se niega porque no desea enfrentarse con el marido; solicita entonces su protección al único guardia que hay en el pueblo, el cual también le dice que no puede ir con ella, ya que debe atender con idéntico celo al resto de los ciudadanos; acude a diversos vecinos y vecinas no obteniendo más que rechazos, unos por miedo y otros por comodidad. Finalmente emprende el viaje sola y es asesinada por el criminal del bosque. Pregunta: ¿quién es el responsable de su muerte? Suelo obtener respuestas para todos los gustos, según la personalidad del interrogado o la interrogada. Los hay que culpan a la intransigencia del marido, a la cobardía del amante, a la poca profesionalidad del guardia, al mal funcionamiento de las instituciones que nos prometen seguridad, a la insolidaridad de los vecinos, incluso a la mala conciencia de la propia asesinada... Pocos suelen responder lo obvio: que el Culpable (con mayúscula de responsable principal del crimen) es el asesino mismo que la mata. Sin duda en la responsabilidad de cada acción intervienen numerosas circunstancias que pueden servir de atenuantes y a veces diluir al máximo la culpa en cuanto tal, pero nunca hasta el punto de «desligar» totalmente del acto al agente que intencionalmente lo realiza. Comprender todos los aspectos de una acción puede llevar a perdonarla pero nunca a borrar por completo la responsabilidad del sujeto libre: en caso contrario, ya no se trataría de una acción sino de un accidente fatal.

El miedo a la responsabilidad supone una visión desenfocada de la libertad, no apreciar que los compromisos atan pero a la vez protegen. Es bueno el compromiso que un médico tiene de salvar vidas humanas. Y es bueno para la sociedad, para sus pacientes y para él mismo, que se le pidan responsabilidades de ello. Si no se le pidieran, se fomentaría su irresponsabilidad. Y si fuera culpable, quedaría impune. El ejemplo vale para el abogado, el fontanero, el periodista, el arquitecto..., y para cualquier otra profesión y persona.

Si está claro que somos responsables, ¿ante quién debemos responder? Cada persona es responsable ante los demás y ante la sociedad. Ante los demás, en la medida en que su conducta les afecte: no es lo mismo poner a un alumno un suspenso injusto que condenar a muerte a un inocente, como tampoco es igual la responsabilidad del ciclista y del camionero en el caso de que ambos no respeten un semáforo, ni es igual robar dos dólares que dos millones. Las responsabilidades sociales también dependen mucho de las circunstancias: no es lo mismo ser primer ministro que leñador, ni tampoco el que siembra tomates tiene la misma responsabilidad que el que siembra marihuana.

Ser responsable significa tener que responder de algo ante alguien. Desde Homero, ese alguien es, en última instancia, Dios: fundamento último de toda responsabilidad. Si Protágoras dijo que el hombre es la medida de todas las cosas, Sócrates y Platón puntualizaron que el hombre está, a su vez, medido por Dios. En tal caso, sólo sentirse responsable ante el gran testigo invisible es lo que pone al hombre en la ineludible tesitura de colmar un sentido concreto y personal para su vida, y de ver que su existencia tiene un valor absoluto e incondicionado. Así lo expresa Dámaso Alonso:

Ah, pobre Dámaso,
tú, el más miserable, tú, el último de los seres,
tú, que con tu fealdad y con el oscuro turbión de tus desórdenes
perturbas la sedeña armonía del mundo,
dime,
ahora que ya se acerca tu momento
(porque no hay ni un presagio que ya en ti no se haya cumplido),
ahora que subirás al Padre,
silencioso y veloz como el alcohol bermejo en los termómetros,
¿cómo has de ir con tus manos estériles?,
¿qué le dirás cuando en silencio te pregunte qué has hecho?

PLACERES Y BUENA VIDA

Yo, que me he pasado media vida predicando un cierto hedonismo, nunca pude imaginar que terminaríamos así.

NORMAN MAILER

Si existen dos actitudes morales que nuestro tiempo necesita con urgencia son el autocontrol y el altruismo.

DANIEL GOLEMAN

43

Los placeres y sus facturas

Beber es un placer, pero el alcohol representa la primera causa de muerte entre los jóvenes, y no por cirrosis terminal o coma etílico sino por accidentes de circulación: la mitad de los fallecidos en accidente de tráfico entre viernes y domingo dan positivo en la prueba de alcoholemia. Cerca de 400.000 españoles se emborrachan a diario, y casi un millón los fines de semana. De todos ellos, la gran mayoría son menores de 29 años.

Las drogas son placenteras, pero su dependencia supone cruzar una frontera de difícil retorno, donde muchas cosas van a ser dañadas quizá de forma irreparable: salud, familia, trabajo, amigos..., y actitud ante la vida.

Fumar es un placer, pero también pasa factura. Si no, que se lo digan a los fumadores que han acabado con cáncer (por no decir que el cáncer ha acabado con ellos). Que se lo digan a las tabacaleras condenadas a indemnizar a «sus víctimas» con sumas astronómicas. Según Sanidad, cada año mueren en España 40.000 personas por fumar. Y según la revista médica *Lancet*, un *fumador pasivo* corre un riesgo del 16 por ciento de contraer cáncer de pulmón.

A principios del 2000, un *Magazine* de *El Mundo* dedicaba un amplio reportaje a la fiebre consumista de las recientes fechas navideñas. Lo titulaba *Consumidos por el consumo*, lo firmaba Inmaculada de la Vega, y hacía tres afirmaciones muy interesantes:

1. Estamos inmersos en el consumismo que se alimenta de la influencia de la publicidad, y ésta se basa en ideas tan falsas como que la felicidad depende de la adquisición de productos.
2. El peligro es que las necesidades básicas pueden cubrirse, pero las ambiciones o el deseo de ser admirados son insaciables, según alertan los expertos.
3. La clave frente al ambiente consumista es el autocontrol.

Leí estas conclusiones en clase de Historia de la Filosofía y pregunté a mis alumnos qué tenía que ver este asunto con nuestra asignatura. No necesitaron mucha perspicacia para captar que el consumo es el efecto de ese resorte fundamental de la conducta humana que es el placer. Y que el consumismo es la consecuencia del hedonismo, esa vieja postura ética que identifica el placer con el bien.

Digo que no les costó gran esfuerzo ver esa relación, pues acababan de estudiar en el primer trimestre los grandes análisis del placer que llevan a cabo Sócrates, Platón y Aristóteles, los estoicos, los cínicos y los epicúreos. Por dar en la diana de una cuestión tan vital como confusa, o, al menos, por haber tenido enorme repercusión cultural, vale la pena repasar dichos análisis.

44

Sócrates, Platón y Aristóteles

El tirón del placer plantea siempre un problema de equilibrio. Platón lo explica con belleza y plasticidad en el célebre mito del carro alado, donde el hombre es un auriga que conduce un carro tirado por dos briosos caballos: el placer y el deber. Todo el arte del auriga consiste en templar la fogosidad del corcel negro (placer) y acompasarlo con el blanco (deber) para correr sin perder el equilibrio.

Pero el tema del placer no se resuelve en un mito. Platón lo plantea por extenso en el *Gorgias,* donde dialogan Calicles y Sócrates. En sus páginas encontramos la gran respuesta de Sócrates a la propuesta hedonista de Calicles:

¿Afirmas que no hay que reprimir los deseos si se quiere ser auténtico, más bien permitir su mayor intensidad y darles satisfacción a cualquier precio, y que en eso consiste la virtud? Entonces, dime: si una persona tiene sarna y se rasca, y puede rascarse siempre a todas horas, ¿vivirá feliz al pasarse la vida rascándose? ¿Y bastará con que se rasque sólo la cabeza, o también otras partes? Yo, al contrario, pienso que el que quiera ser feliz habrá de buscar y ejercitar la moderación, y huir con rapidez del desenfreno. Creo que debemos poner nuestros esfuerzos y los del Estado en facilitar la justicia y la moderación a todo el que quiera ser feliz, en poner freno a los deseos y no vivir fuera de la ley por tratar de satisfacerlos. Porque un hombre desenfrenado no puede inspirar afecto ni a otro hombre ni a un dios, es insociable y cierra la puerta a la amistad.

Ser animal racional supone escuchar simultáneamente dos llamadas: la del placer y la del deber. Ese protagonismo del placer en la conducta humana es patente. Su mejor análisis lo realizó hace más de dos mil años el mejor discípulo de Platón, y nos lo dejó en unos apuntes de clase que luego recibieron el título de *Ética a Nicómaco*. Ahí leemos que el placer se presenta íntimamente asociado a nuestra naturaleza; que la razón y el deseo son los dos caracteres por los que definimos lo que es natural; que todo el mundo persigue el placer y lo incluye dentro de la trama de la felicidad; y que no existen personas que no estimen los placeres, porque tal insensibilidad no es humana.

Varias veces repite Aristóteles que el estatuto del placer es radicalmente natural:

> El hombre está hecho de tal manera que lo agradable le parece bueno, y lo penoso le parece malo. Por eso piensan algunos que el placer es el bien supremo, porque todos los seres aspiran a él, tanto los racionales como los irracionales. Pero no puede ser el bien supremo, pues también se observa que el placer esclaviza a muchos hombres.

De ahí concluye Aristóteles que el placer no es malo ni bueno en sí mismo, y que es malo cuando «hace al hombre brutal o vicioso». Después comenta de pasada que «este peligro es mayor en la juventud, porque el crecimiento pone en ebullición la sensibilidad, y en algunos casos produce la tortura de los deseos violentos».

Podemos añadir más razones de Aristóteles para guiarnos en el enmarañado bosque de los deseos. Si las acciones humanas pueden ser nobles, vergonzosas o indiferentes, lo mismo ocurrirá con los placeres correspondientes. Es decir, hay placeres que derivan de actividades nobles, y otros de vergonzoso origen. Y no debemos complacernos en lo vergonzoso, como nadie eligiría vivir con la inteligencia de un niño para disfrutar con lo que disfrutan los niños. De hecho, el hombre íntegro se complace en las acciones virtuosas y siente desagrado por las viciosas, lo mismo que el músico disfruta con las buenas melodías y no soporta las malas. Además, muchas de las cosas por las que merece la pena luchar, no son placenteras. Por tanto, ni el placer se identifica con el bien, ni todo placer se debe apetecer.

45

Epicuro y el hedonismo

El poeta Horacio resumió en dos palabras el programa hedonista que busca el placer por encima de todo: *carpe diem*. Es la invitación a vivir al día, a exprimir el instante, a extraer de cada momento todo el placer que pueda contener. La invitación de Horacio no era ninguna novedad. Placer se dice en griego *hedoné*, y el primer programa hedonista lo encontramos en tiempos de Platón, en boca del sofista Calicles:

> Lo que es por naturaleza hermoso y justo es lo que con toda sinceridad voy a decirte: el que quiera vivir bien debe dejar que sus deseos alcancen la mayor intensidad, y no reprimirlos sino poner todo su valor e inteligencia en satisfacerlos y saciarlos, por grandes que sean.

A diferencia del hedonismo, que identifica el bien con el placer, también es clásica la postura que busca, ante todo, la tranquilidad de ánimo. Y para ello, como condición necesaria, la liberación del deseo de placer. En esta pretensión coinciden estoicos y epicúreos, dos grandes escuelas filosóficas de la antigüedad. Llevó a cabo Epicuro un exhaustivo y matizado estudio de los placeres, destinado a demostrar que nuestra dependencia del placer es excesiva e inconveniente. Y distinguió en su análisis, como en las setas, placeres convenientes y venenosos. Pero la opinión pública de su tiempo, poco dada a sutilezas, tomó el rábano por las hojas y adjudicó al filósofo la etiqueta de hedonismo puro y duro. El propio Horacio resumió su juventud admitiendo que fue «un puerco de la piara de Epicuro».

El maestro había dicho que «el placer es el principio y el fin de la vida feliz», y estas palabras le hicieron pasar por hedonista. No tuvo más remedio que salir al paso:

> Cuando decimos que el placer es el soberano bien, no hablamos de los placeres de los pervertidos y de los crápulas, como pretenden algunos ignorantes que nos atacan y desfiguran nuestro pensamiento. Hablamos de la ausencia de sufrimiento para el cuerpo y de la ausencia de inquietud para el alma. Porque no son las borracheras, ni los banquetes continuos, ni el goce con jovencitos o con mujeres, ni los pescados y las carnes con que se colman las mesas suntuosas, los que proporcionan una vida feliz: más bien es la razón, buscando sin cesar los motivos legítimos de elección o de aversión, y apartando las opiniones que llenan el alma de inquietud (*Carta a Meneceo*).

En su evolución intelectual y vital, Epicuro pasa de cierto hedonismo a cierto ascetismo, reconociendo en la atracción del placer una atadura incompatible con la felicidad, con una felicidad que él concibe precisamente como ausencia de vínculos, independencia física y anímica, imperturbabilidad, serenidad completa. En esa «razón que busca sin cesar los motivos legítimos de elección» hay una clara herencia aristotélica.

Distingue Epicuro tres grandes familias de placeres: los naturales necesarios; los naturales innecesarios; y los que no son ni naturales ni necesarios. Después nos dice que la mejor relación con los placeres consiste en satisfacer los primeros, limitar los segundos y esquivar los terceros. Entre los naturales necesarios se encuentran los que apuntan a la conservación de la vida: comer, beber, vestirse y descansar; de este grupo excluye el deseo y la satisfacción del amor, porque es una fuente de perturbación. Entre los placeres naturales pero innecesarios menciona todos los que constituyen variaciones superfluas de los anteriores: comer caprichosamente, beber licores refinados, vestir con ostentación... Finalmente, entre los placeres no naturales y no necesarios se citan los nacidos de la vanidad humana: deseo de riquezas, de poder, de honores, etcétera.

Epicuro no persigue el placer sino la vida libre. Y entiende la libertad como un ejercicio de autogobierno o *autarquía* que presenta dos caras: la ausencia de dolor corporal (*aponía*) y la eliminación de la intranquilidad de espíritu (*ataraxia*). Lo resume perfectamente en su *Epístola a Meneceo*: «Una consideración correcta de los deseos es la que pone todo lo que elegimos y rechazamos en función de la salud del cuerpo y la tranquilidad del espíritu: en eso consiste la vida feliz»; por eso, como decíamos antes, aconseja renunciar a ciertos placeres si de ellos se sigue un trastorno mayor. Para ejercitarse en esa renuncia y conocer sus posibilidades, Séneca nos cuenta que Epicuro escogía determinados días en los cuales apenas comía. Así comprobaba si le faltaba algo del placer pleno, si era grande la incomodidad y si valía la pena compensarla con gran esfuerzo.

46

Estoicos y cínicos

La filosofía estoica, eminentemente práctica, aspira a la felicidad, y para ello nos invita a identificarnos con la razón universal y seguir la corriente del destino. Vivir libremente será, entonces, vivir según la naturaleza, y como la naturaleza es racional, vivir según la naturaleza será vivir según la razón. La verdadera libertad, y la única posible, es, pues, obrar racionalmente. Obedecer a la razón es identificarse con la divinidad que gobierna el mundo. Por eso pudo decir Séneca que «obedecer a Dios es libertad». Por eso, el precepto central de la moral estoica es «vivir conforme a la naturaleza», esto es, «conforme a la razón».

Si sólo la vida razonable conduce a la felicidad, lo que se opone a la razón, las pasiones, son perniciosas. En el vértigo de las pasiones, el hombre es juguete de fuerzas oscuras e irracionales. La ética estoica recomienda librarse de las pasiones y de los temores, ser indiferente al dolor y al placer, alcanzar la serenidad de ánimo, ser imperturbable. Y ello se consigue por el camino expresado magistralmente en la fórmula *sustine et abstine*: renuncia y resiste.

Séneca repudia la acostumbrada glotonería de los romanos, y la hace responsable, con sorprendente ojo clínico, de la palidez y temblor de los músculos impregnados por el vino, de los vientres hinchados por contener más de lo que deben, de los rostros abotargados, las articulaciones entumecidas, las palpitaciones, los vértigos, los dolores de ojos y oídos, las punzadas en el cerebro ardiente, las úlceras internas y las innumerables clases de fiebre.

Con cierta radicalidad, los estoicos proclaman que la felicidad se encuentra en la liberación de las pasiones. Para evitar desengaños, cultivan la indiferencia hacia los bienes que la fortuna puede dar o quitar. El estoico quiere ser autosuficiente, bastarse a sí mismo. Se diría que pretende ser feliz con independencia de la misma felicidad, sustituyendo la felicidad por el sosiego. «Jamás consideres feliz a nadie que dependa de la felicidad», dice Séneca, porque «el gozo que ha entrado volverá a salir».

Estoicos y epicúreos miran con recelo al placer porque aspiran a la tranquilidad, al privilegio de ser dueños de sí. Y son conscientes de que su propuesta es minoritaria: sólo la alcanzan los pocos que de verdad pueden llamarse sabios. Cuando uno de ellos perdió mujer, hijos y patria en un devastador incendio, dicen que comentó: «Nada he perdido, porque todos mis bienes están conmigo». No consideraba como un bien nada que pudiera serle arrebatado. Se contentaba consigo mismo, y a ese límite circunscribía su felicidad. En una de sus últimas cartas, Séneca da este consejo a Lucilio: «Considérate feliz cuando todo nazca para ti de tu interior, cuando al contemplar las cosas que los hombres arrebatan, codician y guardan con ahínco, no encuentres nada que desees conseguir».

Al que consigue encerrarse en el espacio interior de su autarquía, no le falta nada. Sólo un dolor corporal intenso podrá romper esa tranquilidad, pues las necesidades del organismo no están siempre a nuestra libre disposición. Pero el dolor cede y desaparece. Y si no cede, el suicidio se convierte en la forma suprema de autarquía. Séneca lo defiende con prudencia, pero su defensa pone de manifiesto cierta contradicción del ideal autárquico: el que busca incondicionalmente su sosiego, se siente turbado por la vida misma, y la elimina.

Si poner la felicidad en el placer es una postura parcial, hacerla consistir en la supresión del placer es postura parcial y muy difícil, quizá inhumana. Ante la posibilidad de frustración que gravita sobre nosotros, los estoicos proponen un remedio preventivo: eliminar el deseo. Pero la pretensión de cortar por lo sano, de amputar el deseo, es imposible. Y si fuera posible, su fruto serían seres humanos disecados.

La capacidad de bastarse a sí mismo, el no depender de nada ni de nadie, había sido propuesto por Sócrates, pero los cínicos llevarán ese ideal hasta límites extremos y convertirán la *autarquía* en la esencia de toda su filosofía. Antístenes (445-365 a.C.) fundó en Atenas la escuela cínica, y en ella puso de relieve la autarquía y el autodominio de Sócrates. Le sucedió Diógenes, famoso por su vida extravagante. Los cínicos buscan la felicidad individual en la independencia personal, en la supresión de necesidades, en la tranquilidad de ánimo. Ese ideal les lleva a la mendicidad, a la renuncia a toda teoría, al desdén por la verdad, al desprecio del placer, del bienestar, de las riquezas y de los honores.

A diferencia de los cínicos, Sócrates había sido independiente con respecto a las opiniones ajenas tan sólo porque poseía hondas convicciones y principios propios. Sócrates estuvo dispuesto a desobedecer a los oligarcas con riesgo de su vida, antes que cometer una acción injusta; pero nunca hubiese vivido, como Diógenes, dentro de un tonel tan sólo para manifestar su desprecio al modo de vivir de sus conciudadanos. El cínico también modifica el mensaje socrático en sentido antipolítico: indiferente a la familia y a la patria, se siente ciudadano del mundo. Sócrates, por el contrario, siempre se sintió orgulloso de ser ateniense.

47

Control racional

Hemos visto la necesidad real –urgente en algunos casos– de integrar inteligentemente esas dos piezas esenciales de la estructura humana: la razón y el placer. Así lo afirman, desde Sócrates, todos los grandes estudiosos de la ética. Esa integración constituye el objetivo de la virtud de la templanza. Que la natural tendencia al placer puede llegar a actuar desordenadamente es evidente. Esa posibilidad real de rebelión por parte de las propias fuerzas vitales nos habla de la necesidad de regular los deseos. Eso es la templanza: el control racional de los deseos orgánicos, puestos al servicio de la plenitud humana.

Aristóteles considera que la educación de los placeres orgánicos reviste particular importancia, y que el descontrol en este terreno «se censura con razón, porque se da en nosotros no por lo que tenemos de hombres sino de animales. Así pues, complacerse en estas cosas y buscarlas por encima de todo es propio de bestias. Y si alguien viviera sólo para los placeres del alimento y del sexo, sería absolutamente servil, pues para él no habría ninguna diferencia entre haber nacido bestia u hombre». La falta de control «consiste en buscar el placer donde no se debe, o como no se debe. Y es evidente que el exceso en los placeres conduce al desenfreno y es censurable». Así las cosas, «lo mismo que el niño debe vivir de acuerdo con la dirección de sus educadores, los apetitos han de estar sujetos a la razón».

Shakespeare habló del sinfín de deseos que crecen dentro del libertino formando enjambre. Con frecuencia, una persona demasiado indulgente consigo misma acaba siendo dominada por su pereza, por su mal carácter, por su desorden sexual, por su estómago o por lo que sea, sin conseguir tomar verdaderamente las riendas de su vida. Con otras palabras: un estilo de vida excesivamente permisivo e indulgente es una de las mayores hipotecas vitales que se pueden padecer, porque la espiral de la autocompasión conduce a la dictadura del deseo, a su gobierno más o menos absolutista.

Cada vez que una persona, en contra de lo que debe hacer, cede a las pretensiones de su pereza, de su estómago o de su mal carácter, debilita su voluntad, pierde autodominio y reduce su autoestima. Unas viñetas de Mafalda dibujan perfectamente esta situación. Felipe encuentra en su camino una lata vacía y siente el deseo de pegarle una patada. Pero piensa interiormente: «¡El grandullón pateando latitas!». Y pasa de largo, venciendo lo que él mismo juzga un impulso infantiloide. El problema es que, a los pocos metros, da la vuelta y suelta la tentadora patada. Ésta es su segunda reflexión: «¡Qué desastre! ¡Hasta mis debilidades son más fuertes que yo!».

El aprecio de los griegos por la libertad les hacía desconfiar de toda esclavitud, también de la afectiva y hedonista. Por eso ensalzaron cierta imperturbabilidad y apatía. Hoy, en cambio, la forma de vida occidental conlleva una fuerte incitación del deseo. Se trata de una tendencia impulsada en buena parte por la presión comercial, para incentivar el consumo, y quizá también por las innovaciones tecnológicas y el propio desarrollo económico. En cierto modo, a lo largo de la historia parece que no encontramos el término medio en esta cuestión tan importante para el equilibrio humano. Aristóteles decía que la educación era, sobre todo, educación de los deseos.

Si la templanza pareciera una virtud antigua, para mostrar su plena actualidad bastaría con llamarla autocontrol o dominio de sí. O bastaría leer libros recientes sobre ética. Comte-Sponville, en su *Pequeño tratado de las grandes virtudes* (1996), dice que la templanza, moderación de los deseos orgánicos, es una virtud para todas las épocas, pero más necesaria cuanto más favorables sean estas épocas. Destaco algunas de sus ideas al respecto:

> La templanza es el requisito para un goce más puro o más pleno. Es un placer lúcido, controlado, cultivado.
>
> ¿Es fácil de conseguir? Por supuesto que no. ¿Es posible? No siempre, ni para todo el mundo, lo digo por experiencia. Por eso la templanza es una virtud, es decir, una excelencia.
>
> El intemperante es un esclavo, y tanto más desde el momento en que transporta a todas partes a su amo consigo. Es prisionero de su cuerpo, prisionero de sus deseos o costumbres, prisionero de su fuerza o de su debilidad.
>
> ¿Cómo podríamos ser felices si estamos insatisfechos? ¿Y cómo podríamos estar satisfechos si nuestros deseos no tienen límite? A Epicuro, por el contrario, un poco de queso o de pescado seco le parecía un gran banquete. ¡Qué felicidad comer cuando se tiene hambre! ¡Qué felicidad dejar de tener hambre cuando se ha comido! ¡Y qué libertad estar sometido sólo a la naturaleza! La templanza es un medio para la independencia, de la misma manera que ésta lo es para la felicidad. Ser templado es poder contentarse con poco, pero lo importante no es el poco, sino el hecho de poder y de contentarse.
>
> El objetivo de la templanza no es sobrepasar nuestros límites, sino respetarlos. ¡Pobre Don Juan por necesitar tantas mujeres! ¡Pobre alcohólico por necesitar beber tanto! ¡Pobre glotón por necesitar comer tanto! ¿De qué les sirve todo esto? ¿Y a qué precio? Se vuelven prisioneros del placer, en lugar de liberarse. Quieren más, siempre más, y no saben contentarse ni siquiera con *demasiado*. Por eso los libertinos son tristes; por eso los alcohólicos son desgraciados.
>
> ¿Hay algo más felizmente limitado que nuestros deseos naturales y necesarios? No es el cuerpo el que es insaciable. La no limitación de los deseos, que nos condena a la carencia, a la in-

satisfacción o a la desgracia, sólo es una enfermedad de la imaginación.

La templanza es lo contrario al *desarreglo de todos los sentidos* que tanto amaba Rimbaud. Es la prudencia aplicada a los placeres.

La templanza actúa sobre los deseos más necesarios de la vida del individuo (beber, comer) y de la especie (hacer el amor), que son también los más fuertes y, por tanto, los más difíciles de dominar. Ni que decir tiene que no es cuestión de suprimirlos −la insensibilidad es un defecto−, sino sobre todo, y en la medida de lo posible, de controlarlos (en el sentido de la palabra inglesa *self-control*), de regularlos (del mismo modo que se regula un motor), de mantenerlos en equilibrio, en armonía o en paz.

La templanza es una regulación voluntaria de la pulsión de vida, una sana afirmación de nuestra potencia de existir, como diría Spinoza, y especialmente del poder de nuestra alma sobre los impulsos irracionales de nuestros afectos o de nuestros apetitos. La templanza no es un sentimiento sino una fuerza, es decir, una virtud.

Del ensayo a la sociología. En la década de los sesenta, Walter Mischel llevó a cabo en la Universidad de Stanford una investigación con preescolares de cuatro años de edad. Daba una golosina a cada niño y le decía: «Ahora debo marcharme, y regresaré dentro de veinte minutos. Puedes tomarte la golosina, pero si esperas a que regrese, te daré otra». Algunos de los niños entrevistados fueron capaces de esperar, y usaron diversas estrategias para alcanzar su propósito: taparse el rostro para no ver la tentación, mirar al suelo, cantar, ponerse a jugar e incluso intentar dormir. Otros, más impulsivos, cogieron la golosina a los pocos segundos de que el experimentador abandonara su despacho.

La trascendencia de la forma en que los niños manejaban sus impulsos quedó clara doce o catorce años más tarde, cuando se comprobó la diferencia entre unos y otros. Los que no habían tomado la golosina eran más sociables y emprendedores, más capaces de afrontar las frustraciones de la vida. Se trataba de jóvenes poco inclinados a desmoralizarse, que no huían de los riesgos, que confiaban en sí mismos, honrados, responsables y con iniciativa. En cambio, los preescolares que tomaron la golosina presentaban una radiografía psicológica más problemática. Eran jóvenes más tímidos, indecisos y testarudos, inclinados a considerarse «malos», con aire resentido y reacciones desproporcionadas. Pero lo más sorprendente es que la evaluación académica de estos adolescentes reflejaba la misma disimetría, a favor de los que habían esperado pacientemente al entrevistador.

SEXOADICCIÓN

La adicción al sexo es una de las dependencias menos confesadas y visibles de todas las que existen. No obstante, ha aumentado el número de pacientes que pide ayuda debido a las consecuencias de su trastorno: ruina económica, divorcios, problemas laborales, sufrimiento, ansiedad y depresión.

PATRICIA MATEY

48

Adictos al sexo

«En la vida no todo es sexo: Francia necesita niños.» Con esta claridad se expresaba el gobierno francés de los 90, en las vallas publicitarias de todo el país. Y tenía razón por partida doble: era verdad que Francia necesitaba niños y que la vida es, entre otras cosas, amistad y trabajo, justicia y deporte, ocio y negocio, amor y desamor, pan y circo, guerra y paz...

También es cierto que vivimos en una época que ha hecho de lo sexual una revolución cultural, empeñada en olvidar que el deseo de placer convierte el equilibrio humano en algo peligrosamente inestable. Lo sabemos de sobra. Desde Homero, desde Solón y los Siete Sabios, una máxima en forma de advertencia recorre todo el pensamiento ético de los helenos: «Nada en exceso».

En marzo del 2000, el diario *El Mundo* publicaba en su cuadernillo sobre salud un estudio sobre la adicción sexual. Por su calidad, creo que merece ser reducido en este epígrafe. Lo firmaba Patricia Matey, y se abría con las palabras que también abren este tema: «La adicción al sexo es una de las dependencias menos confesadas y visibles de todas las que existen. No obstante, ha aumentado el número de pacientes que pide ayuda debido a las consecuencias de su trastorno: ruina económica, divorcios, problemas laborales, sufrimiento, ansiedad y depresión».

Los expertos señalan que este trastorno no es nuevo, aunque sólo recientemente ha sido reconocido como uno de los mayores problemas sociales, cuyas características y consecuencias son similares a las de otras adicciones tan bien conocidas como la de las drogas, el alcoholismo o la ludopatía.

A diferencia de otras adicciones, la dependencia sexual puede adoptar múltiples formas: desde la masturbación compulsiva a la violación, pasando por relaciones con múltiples parejas heterosexuales u homosexuales, encuentros con personas desconocidas, uso de pornografía, prostitución o líneas eróticas, exhibicionismo, pedofilia, etc. El comportamiento sexual compulsivo se gesta, en la mayoría de los casos, en la mente, donde las fantasías sexuales, los sueños y los pensamientos eróticos se convierten en la válvula de escape de los problemas laborales, la relaciones rotas, la baja autoestima o la insatisfacción personal.

Los adictos al sexo son hábiles en el disimulo, porque su problema les avergüenza. Pero, con frecuencia, su dependencia se acaba sabiendo. «Algunos acuden a la consulta cuando las facturas de teléfono de líneas eróticas o los contactos con prostitutas les han arruinado económicamente y sus parejas les han descubierto», señala Roselló Barberá, director del Centro de Urología, Andrología y Sexología de Madrid. Otros deciden pedir ayuda porque quieren poner fin a una adicción que les ha costado el matrimonio, les ha causado problemas legales o les está empujando al suicidio. O porque su esclavitud les está obligando a hacer cosas que nunca hubieran imaginado, y ello les causa un sufrimiento insoportable.

Los precios de esta adicción han sido cuantificados en USA por el *National Council of Sexual Addiction*:

— Un 40 % pierde a su pareja.
— Otro 40 % sufre embarazos no deseados.
— Un 72 % tiene ideas obsesivas sobre el suicidio.
— Un 17 % ha intentado quitarse la vida.
— Un 36 % aborta.
— Un 27 % tiene problemas laborales.

– Un 68 % tiene riesgo de contraer el sida u otras enfermedades de transmisión sexual.

Si ninguna de estas formas es nueva, la revolución informática ha hecho posible la novedad de la ciberadicción sexual, una peligrosa dependencia de Internet. Por su anonimato y accesibilidad, cada vez existen más ciberadictos al sexo de las *webs* porno y de los *chats* eróticos.

49

El sida

El sida es la más cara de las facturas que pagamos por el sexo. Por el momento se trata de una epidemia incontrolable, asociada a un determinado tipo de conducta sexual. Como el ser humano es libre para escoger sus actos, se puede afirmar que es responsable de las consecuencias de los mismos. Esto es algo tan elemental que no haría falta repetirlo si no se silenciase misteriosamente en el caso del sida.

Está demostrado que el hábito de fumar puede producir cáncer. Está demostrado que determinados hábitos pueden abrir la puerta al sida. En el caso del tabaco se intenta atajar el problema desde la raíz: suprimiendo el hábito. En el caso del sida, sin embargo, se intenta trasladar el problema a las autoridades sanitarias, para que repartan preservativos o encuentren una sustancia contra la inmunodeficiencia. Una lógica que, aplicada al tabaco, vendría a decir: fume usted lo que quiera, que los médicos se encargarán de impedir o de curar su cáncer.

Un ejemplo de esta dramática incoherencia me parece Kofi Annan, secretario general de Naciones Unidas. Tras calificar la lucha contra el sida de «cruzada para el siglo XXI», propone «romper la conspiración del silencio, cubrir las necesidades de los infectados y de sus familias, conseguir que esté disponible un tratamiento eficaz a unos precios que los africanos estén en condiciones de pagar, acelerar la investigación de una vacuna y, por encima de todo, hacer todo lo que esté de nuestra mano para atajar la propagación de la enfermedad». Uno se pregunta por qué no se aplica Kofi Annan su primer consejo: romper la conspiración del silencio. Aunque tampoco serviría de mucho en un mundo donde los dos negocios más multimillonarios y rentables se basan en la estimulación de los placeres más emparentados con el sida. Cualquier lector adivina que nos referimos a la pornografía y la droga.

No deja de ser contradictorio y sorprendente que en la prevención del sida se omita la solución más económica y eficaz: el libre cambio de conducta. Porque está claro que con la posibilidad de contraer sida no se debe jugar. Las cifras son escalofriantes. En países como Zimbawe o Botswana, la cuarta parte de la población ha contraído el virus. En el 2000, esta pandemia arroja un saldo de once millones de huérfanos, de los cuales el 90 % son niños africanos. El Consejo Nacional de Seguridad de EE.UU. estima que esa legión de huérfanos será especialmente vulnerable a la explotación y la radicalización, y podrá suscitar las condiciones para nuevas guerras tribales y políticas. Esa desestabilización afectaría negativamente a los intereses económicos y militares de EE.UU. Parece que el análisis es correcto, pues el presidente del Banco Mundial ya ha formulado en Washington una advertencia parecida.

Norteamérica y Europa han hecho notables esfuerzos para combatir el avance arrollador del sida en el interior de sus sociedades, pero se han olvidado de lo que sucedía en África. Cerraban los ojos pensando que el problema era muy lejano. Ahora, el Consejo Nacional de Seguridad recomienda multiplicar las ayudas a los africanos y avisa que el desastre puede afectar de rebote a las naciones más ricas.

50

La responsabilidad de Freud

El hombre es una mezcla inseparable de razón y deseo. Una mezcla explosiva, altamente inestable, cuyo control pertenece, por definición, a la razón, que a lo largo de la historia ha diseñado diversas estrategias de integración. Aunque el hedonismo es la negación de esa función rectora, el siglo XX se caracteriza por haber intentado repetidamente su justificación racional, de la mano del psiquiatra vienés Sigmund Freud.

Freud distingue en la conducta humana un fondo inconsciente y una actividad consciente. El impulso natural del inconsciente actúa fundamentalmente como energía sexual, que busca su constante satisfacción. Pero surge un fuerte obstáculo en su camino: el propio entorno familiar y social, la misma realidad. Esa resistencia, al impedir un proceso natural, constituye una alteración patológica. En eso consiste el desequilibrio psíquico. Para Freud, la personalidad del hombre, resultado siempre del proceso descrito, crecería sana si la satisfacción de los instintos fuera libre.

La evaluación ponderada de las ideas de Freud ha puesto de manifiesto su trasfondo artificial. Parece que el inventor del psicoanálisis encuentra en la psicología humana lo que previamente ha decidido que quiere encontrar. Con toda claridad lo declaró a su discípulo Jung: «tenemos que hacer de la teoría sexual un dogma, una fortaleza inexpugnable» (Jung, *Memorias*). Por la misma época, con la misma claridad, Chesterton escribió: «Los ignorantes pronuncian *Freud*. Los informados pronuncian *Froid*. Yo, sin embargo, pronuncio *Fraude*».

Freud siente que hay algo desproporcionado en el papel que la sexualidad juega en la vida humana. Algo que impide equipararla a las demás emociones o experiencias elementales como el comer y el dormir. Y precisamente por eso necesita una atención especial. Pero Freud, contra todo pronóstico, es partidario de la desatención, de conceder luz verde. La propuesta freudiana de una sexualidad tan libre como cualquier otro placer, la consideración de que el cuerpo y sus instintos son pacíficos y hermosos como el árbol y las flores, o bien es la descripción de un paraíso utópico, o la presentación con ropaje científico de una psicología superada desde los tiempos de Sócrates. Porque soñar con la conquista de un mundo feliz por la liberación de los instintos es ignorar su desorden latente. Una sensibilidad espontánea, liberada de lo racional, desemboca siempre en la degradación. Lo sabemos por experiencia. Y también sabemos que una correcta antropología es siempre jerárquica: la razón está para llevar la batuta, lo mismo que los pies están para andar. Si la razón no domina sobre los sentidos, es dominada por ellos: un pacífico estado intermedio será siempre un pacifismo imposible.

Sin embargo, las ideas de Freud han conquistado amplísimos sectores culturales y sociales. Las razones del éxito son múltiples. Ahora sabemos que las tesis fundamentales del psicoanálisis se apoyan sobre una dudosa base científica, pero Freud poseía ambición, talento literario e imaginación. Acuñaba neologismos y creaba lemas con facilidad y fortuna, hasta el punto de incorporar a su lengua palabras y expresiones nuevas: el inconsciente, el ego y el superego, el complejo de Edipo, la sublimación, la psicología profunda, etcétera.

Durante la primera guerra mundial, la tensión acumulada en las trincheras provocaba frecuentes casos de perturbación mental. El llamado «trauma de la guerra» desequilibraba a soldados que eran personas normales y valientes. En 1920, el gobierno austríaco solicitó la opinión de Freud. Y así le llegó su primera publicidad mundial. Otra parte del éxito se debe a Einstein. Con la Teoría de la Relatividad, parecía que nada era seguro en el movimiento del universo. Y por un sorprendente contagio, la opinión pública empezó a pensar que no existían absolutos de ningún tipo, ni físicos ni morales. Un gigantesco error vino así a confundir la relatividad con el relativismo.

Mucho más importante, de cara a su popularidad, fue el descubrimiento de Freud por parte de artistas e intelectuales. Del surrealismo podría pensarse que nació para expresar visualmente las ideas freudianas. Y novelistas como Marcel Proust y James Joyce protagonizaron, en el período de entreguerras, decisivos experimentos literarios de relativización del tiempo y de las normas morales. En el 2000, la devoción por Freud se ha enfriado bastante, y entre los intelectuales más prestigiosos se alzan voces de abierta disidencia: «El psicoanálisis me llena de incredulidad. La teoría de mi padre como rival sexual y de cierto complejo de Edipo universal, hace tiempo refutada por la antropología, me parece un melodrama irresponsable» (George Steiner, *Errata*).

Buscar la verdad

De pequeña me decían: ¿Por qué no vas a jugar en vez de hacer preguntas más grandes que tú? Pero yo quería la verdad. Quería la verdad de mi vida y en mi vida. Quería una verdad que me hiciese comprender también la verdad de todas las demás vidas. Después, cuando crecí, me dijeron que la verdad no existía o, mejor dicho, que existían tantas como hombres hay en el mundo, y que buscar la verdad era una pretensión infantil, ingenua e inútil.

Susanna Tamaro

51

La duda, la opinión y la certeza

¿Qué hace bueno el diagnóstico de un médico? ¿Qué hace buenas la decisión de un árbitro y la sentencia de un juez? Sólo esto: la verdad. Por eso, una vida digna sólo se puede sostener sobre el respeto a la verdad. Pero conocer la verdad no es fácil. De hecho, la credibilidad que otorgamos a nuestros propios conocimientos admite tres grados: la duda, la opinión y la certeza. En la duda fluctuamos entre la afirmación y la negación de una determinada proposición. Por encima de la duda está la opinión: adhesión a una proposición sin excluir la posibilidad de que sea falsa. El hombre se ve obligado a opinar porque la limitación de su conocimiento le impide alcanzar a menudo la certeza: puede llover o no llover, puedo morir antes o después de cumplir setenta años. La libertad humana es otro claro factor de incertidumbre: hablar sobre la configuración futura de la sociedad o de nuestra propia vida, es entrar de lleno en el terreno de lo opinable. Lo cual no significa que todas las opiniones valgan lo mismo. Si así fuera, se ha dicho maliciosamente que habría que tener muy en cuenta la opinión de los tontos, pues son mayoría. Séneca aconsejaba que las opiniones no debían ser contadas sino pesadas.

Llamamos escéptico al que niega toda posibilidad de ir más allá de la opinión. Por tanto, el escepticismo es la postura que niega la capacidad humana para alcanzar la verdad. La palabra procede del griego *sképtomai*, que significa examinar, observar detenidamente, indagar. En sentido filosófico, escepticismo es la actitud del que reflexiona y concluye que nada se puede afirmar con certeza, por lo que más vale refugiarse en la abstención de todo juicio. Por fortuna, no todo es opinable. Lo que se conoce de forma inequívoca no es opinable sino cierto. Y no se debe tomar lo cierto como opinable, ni viceversa: no puedes opinar que la Tierra es mayor que la Luna, ni asegurar con certeza que la república es la mejor forma de gobierno.

La certeza se fundamenta en la evidencia, y la evidencia no es otra cosa que la presencia patente de la realidad. La evidencia es mediata cuando no se da en la conclusión sino en los pasos que conducen a ella: no conozco a los padres de Antonio, pero la existencia de Antonio evidencia la de sus padres, la hace necesaria. La existencia de Antonio, al que veo todos los días, es para mí una certeza inmediata; la existencia actual o pasada de sus padres, a los que nunca he visto, también me resulta evidente, pero con una evidencia no directa sino mediata, que me viene por medio de su hijo.

La condición limitada del hombre hace que la mayoría de sus conocimientos no se realicen de forma inmediata. Son pocos los hombres que han visto las moléculas, los fondos marinos, la estratosfera o Madagascar. La mayoría de los hombres tampoco han visto jamás, ni verán nunca, a Julio César o a Carlomagno. Sin embargo, conocen con certeza la existencia de esas y otras muchas personas y realidades. Su certeza se apoya en un tipo de evidencia mediata: la proporcionada por un conjunto unánime de testigos. En un caso, la comunidad científica; en otro, las imágenes de todos los medios de comunicación; y si se trata de hechos o personajes del pasado, los testimonios elocuentes de la historia y de la arqueología.

Estas evidencias mediatas se apoyan no en propios razonamientos sino en segundas o terceras personas. Si no admitiéramos su valor, si no creyéramos a nadie, nuestros padres no podrían educarnos, la ciencia no progresaría, no existiría la enseñanza, leer no tendría sentido... Es decir, si sólo concediésemos valor a lo conocido por uno mismo, la vida social, además de estar integrada por individuos ignorantes, sería imposible. Por tanto, es necesario y razonable dar crédito, creer.

¿Puede tener certeza quien cree? Sabemos que la certeza nace de la evidencia. ¿Qué evidencia se le ofrece al que cree? Sólo una: la de la credibilidad del testigo. El que no ha estado en América cree en los que sí han estado y atestiguan su existencia. El que nunca ha visto a Hitler cree a los que sí lo vieron. Y antes que Hitler, Napoleón, el Cid o Nerón. En todos estos casos es evidente la credibilidad de los testigos. Y entre esos casos debemos incluir los que dan origen a algunas creencias religiosas. Por eso, la fe –creer el testimonio de alguien– es una exigencia racional, y su exclusión es una reducción arbitraria de las posibilidades humanas.

52

La inclinación subjetiva

Si la verdad es la adecuación entre el entendimiento y la realidad, depende más de lo que son las cosas que del sujeto que las conoce. Ese sentido tienen los versos de Antonio Machado:

> ¿*Tu verdad? No, la Verdad,*
> *y ven conmigo a buscarla.*
> *La tuya, guárdatela.*

Es el sujeto quien debe adaptarse a la realidad, reconociéndola como es, de forma parecida a como el guante se adapta a la mano. Pero no siempre sucede así. El subjetivismo surge precisamente cuando la inteligencia prefiere colorear la realidad según sus propios gustos: entonces la verdad ya no se descubre en las cosas sino que se inventa a partir de ellas.

La causa más frecuente del subjetivismo son los intereses personales. Con frecuencia, la atracción de la comodidad, de la riqueza, del poder, de la fama, del éxito, del placer o del amor, pueden tener más peso que la propia verdad. Por eso, si suspendo un examen, nunca será por no haberlo estudiado sino por mala suerte o por exigencia excesiva del profesor. Y si el suspendido es un niño, mamá jamás dudará de la capacidad de la criatura: antes pondrá en duda la idoneidad del profesor o del libro de texto, o asegurará que su hijo es listísimo aunque «algo» vago y despistado.

El subjetivismo, además de afectar a lo más trivial, también deforma las cuestiones más graves: el terrorista está convencido de que su causa es justa; la mujer que aborta quiere creer que sólo interrumpe el embarazo; el suicida se quita la vida bajo el peso de problemas no exactamente reales, agigantados por su enfermiza subjetividad; al antiguo defensor de la esclavitud y al moderno racista les conviene pensar que los hombres somos esencialmente desiguales.

Para que la verdad sea aceptada es preciso que encuentre una persona habituada a reconocer las cosas como son, y el que vive según sus exclusivos intereses suele carecer de la fortaleza necesaria para afrontar las consecuencias de la verdad. Pero al hombre no le resulta fácil hacer o pensar lo que no debe. Por eso, para evitar esa violencia interna, si se vive de espaldas a la verdad se acaba en la autojustificación. La historia humana es una historia plagada de autojustificaciones más o menos pobres. Ya decía Hegel que todo lo malo que ha ocurrido en el mundo, desde Adán, puede justificarse con buenas razones. Al menos, puede intentarse.

53

El peso de la mayoría

Por su identificación con la realidad, la verdad no consiste en la opinión de la mayoría, ni el el común denominador de las diferentes opiniones. Por eso, elegir como criterio de conducta lo que hace o piensa la mayoría de la gente constituye una pobre elección, y suele ser la coartada de la propia falta de personalidad o del propio interés. Además, invocar la mayoría como criterio de verdad equivale a despreciar la inteligencia. En este sentido, E. Fromm piensa que el hecho de que millones de personas compartan los mismos vicios no convierte esos vicios en virtudes; el hecho de que compartan muchos errores no convierte éstos en verdades; y el hecho de que millones de personas padezcan las mismas formas de patología mental no hace de estas personas gente equilibrada.

Es un gran error confundir la verdad con el hecho puro y simple de que un determinado número de personas acepten o no una proposición. Si se acepta esa identificación entre verdad y consenso social, cerramos el camino a la inteligencia y la sometemos a quienes pueden crear artificialmente ese consenso con los medios que tienen a su alcance. Es como decir que ya no existe la verdad, y que se debe considerar como tal aquello que decide quien tiene poder para imponer mayoritariamente su opinión. «Por suerte, la opinión pública todavía no se ha dado cuenta de que opina lo que quiere la opinión privada», decía el director de una importante empresa de comunicación.

La mentira se puede imponer de muchas maneras, y no sólo con la complicidad de los grandes medios de comunicación. Sin ellos, Sócrates fue calumniado hace más de dos mil años: «Sí, atenienses, hay que defenderse y tratar de arrancaros del ánimo, en tan corto espacio de tiempo, una calumnia que habéis estado escuchando tantos años de mis acusadores. Y bien quisiera conseguirlo, mas la cosa me parece difícil y no me hago ilusiones. Intrigantes, activos, numerosos, hablando de mí con un plan concertado de antemano y de manera persuasiva, os han llenado los oídos de falsedades desde hace ya mucho tiempo, y prosiguen violentamente su campaña de calumnias» (Platón, *Apología de Sócrates*).

Sócrates representa la situación del hombre aislado por defender verdades éticas fundamentales. Pertenece a esa clase de hombres apasionados por la verdad e indiferentes a las opiniones cambiantes de la mayoría. Hombres que comprometieron su vida en la solución a este problema radical: ¿es preferible equivocarse con la mayoría o tener razón contra ella?

54

La pregunta de Pilatos

¿Qué es la verdad? La famosa pregunta de Pilatos es el gran interrogante de toda la humanidad, porque la vida humana es un laberinto que sólo puede recorrer con seguridad quien conoce sus caminos. Con metáfora parecida al laberinto, se nos sugiere que lo que vemos de la realidad podría ser solamente la primera planta de un enorme edificio con innumerables pisos por encima y bajo tierra. No es mala imagen, pero nos gustaría un poco más de rigor y acudimos a Stephen Hawking, uno de los astrofísicos sucesores de Einstein, tristemente famoso por su condena a silla de ruedas por esclerosis múltiple. Al final de su ensayo *Breve historia del tiempo*, se atreve a decir que la ciencia jamás será capaz de responder a la última de las preguntas científicas: por qué el universo se ha tomado la molestia de existir.

¿Eso significa que moriremos en nuestra ignorancia? Pascal reconoce que apenas sabemos lo que es un cuerpo vivo; menos aún lo que es un espíritu; y no tenemos la menor idea de cómo pueden unirse ambas incógnitas formando un sólo ser, aunque eso somos los hombres. Otro matemático y filósofo como Pascal, Edmund Husserl, afirma que la ciencia nada tiene que decir sobre la angustia de nuestra vida, pues excluye por principio las cuestiones más candentes para los hombres de nuestra desdichada época: las cuestiones sobre el sentido o sinsentido de la existencia humana.

No sabemos muy bien quiénes somos ni quién ha diseñado un mundo a la medida del hombre, pero sospechamos que detrás de esa ignorancia se esconde el fundamento de lo real. Los grandes pensadores de todos los tiempos han sido personas obsesionadas por esa curiosidad. Todas sus soluciones han sido siempre provisionales, pero han nacido de la experiencia dolorosa de la gran ausencia. Pues al salir al mundo y contemplarlo, se les ha hecho patente lo que Descartes llamaba *el sello del Artista*.

La ciencia nació para explicar racionalmente el mundo, pero descubrió con sorpresa que la explicación racional del mundo conduce muy lejos. Así surgió la filosofía, para explicar lo que hay más allá de lo que vemos. Con otras palabras: cuando la ciencia se asomó a las profundidades de la realidad material, descubrió que la realidad material no era toda la realidad: había algo más. Ese algo más se esconde dentro y fuera de la materia. Dentro de todos los seres aparecen dos cualidades inmateriales: el orden y la finalidad. Pero es el ser humano quien acapara en su interioridad el mayor número de aspectos inmateriales: sensaciones y sentimientos, razonamientos y elecciones libres, responsabilidad y autoconciencia. El cuerpo humano es estudiado por la Medicina y la Biología, pero la interioridad humana exige una ciencia diferente. Fueron los griegos quienes se plantearon por primera vez estas cuestiones de alcance metafísico.

Fuera de la materia también hay algo más, como una tercera realidad. Lo mismo que el arqueólogo sabe que las ruinas son huellas de espléndidas civilizaciones, cualquier hombre puede interpretar toda la realidad como una huella: la de un artista anterior y exterior a su obra. En ese momento empieza a filosofar. El historiador puede preguntarse quién pulió el sílex o escribió la *Odisea*. El que filosofa se pregunta algo mucho más decisivo: quién ha diseñado el universo.

Así, el intento de comprensión del laberinto nos lleva a Dios. El tema de Dios quizá no esté de moda, y quizá no sea políticamente correcto. Pero es que Dios tampoco es un tema, y está muy por encima de las trivialidades de la espuma política. La razón humana llega a Dios en la medida en que pregunta por el fundamento último de lo real. En esa misma medida podemos afirmar, como Kant, que Dios es el ser más difícil de conocer, pero también el más inevitable. De hecho, aunque está claro que Dios no entra por los ojos, tenemos de Él la misma evidencia racional que nos permite ver detrás de una vasija al alfarero, detrás de un edificio al constructor, detrás de una acuarela al pintor, detrás de una página escrita al escritor. Esto lo expresa de forma magnífica san Agustín:

> Pregunta a la hermosura de la tierra, del mar, del aire dilatado y difuso. Pregunta a la magnificencia del cielo, al ritmo acelerado de los astros, al sol –dueño fulgurante del día– y a la luna –señora esplendente y temperante de la noche–. Pregunta a los animales que se mueven en el agua, a los que moran en la tierra y a los que vuelan en el aire. Pregunta a los espíritus, que no ves, y a los cuerpos, que te entran por los ojos. Pregunta al mundo visible, que necesita de gobierno, y al invisible, que es quien gobierna. Pregúntales a todos, y todos te responderán: «míranos; somos hermosos». Su hermosura es una confesión. ¿Quién hizo, en efecto, estas hermosuras mudables sino el que es la hermosura sin mudanza?

La pregunta de Pilatos era retórica y no esperaba respuesta. Por eso no la recibió. Pero si el gobernador romano se hubiera tomado la molestia de informarse un poco más sobre el acusado, quizá hubiera temblado al saber que aquel judío ya se había pronunciado al respecto con una afirmación jamás oída a ningún hombre: «Yo soy el Camino, la Verdad y la Vida».

Vocabulario

Afectividad

Conjunto de los fenómenos afectivos: emociones, sentimientos y pasiones.

Alegría

Sentimiento grato y vivo, situado entre el placer y la felicidad, que afecta a la persona en su totalidad.

Amistad

Afecto desinteresado y recíproco que se alimenta y fortalece con el trato. Es uno de los sentimientos humanos más nobles y necesarios.

Amor

Sentimiento que mueve a desear el bien de la realidad amada –otra persona, un grupo humano o alguna cosa–, así como su posesión o la identificación con ella. Es una realidad humana fundamental, ligada estrechamente al conocimiento. Como inclinación a un bien no poseído, el amor origina el deseo; como adhesión al bien presente, el amor se transforma en gozo.

Apatía

Impasibilidad afectiva. Para estoicos y epicúreos, meta a la que debe llegar el hombre, indiferente a la turbulencia de las pasiones y a la conmoción del dolor.

Apetito

Tendencia, deseo, inclinación natural. Impulso instintivo que nos lleva a satisfacer deseos o necesidades. Desde Platón, la Filosofía ve en el hombre dos tipos de apetitos: los sensibles y los intelectuales.

Ascesis, ascetismo

Estilo de vida que implica esfuerzo por reducir y dominar los placeres sensibles con el fin de lograr mayor autodominio o perfección moral.

Bien

En sentido objetivo, lo que perfecciona a un ser, lo que por naturaleza le conviene. En sentido subjetivo, lo que produce satisfacción y lo que nos resulta útil. En el primer sentido indica plenitud y es equiparable a la verdad y a la belleza.

Bien común

Por estar llamado a vivir en sociedad, existe para el hombre un bien común: el conjunto de condiciones –paz, bienestar, valores...– que hacen posible una sociedad digna del hombre.

Carácter

En psicología designa el conjunto de cualidades estables que conforman el modo de ser y el comportamiento de una persona. Forma, con el temperamento, lo que llamamos personalidad, y se diferencia del temperamento en que no es innato sino adquirido, es más libre, menos dependiente de lo somático: por eso somos más responsables de nuestro carácter que de nuestro temperamento. No está ligado a factores genéticos sino educativos y culturales.

Certeza, certidumbre

Adhesión firme del espíritu a una verdad que considera evidente e indudable. No es lo mismo que verdad, pues ésta es la adecuación del entendimiento a la cosa, y la certeza es la convicción absoluta de poseer la verdad.

Cínicos

Seguidores del griego Antístenes (444-365 a.C.). Se caracterizan por un rechazo de toda norma social o moral. Proponen una vida «natural», a semejanza de los perros.

Cirenaicos

Seguidores de Aristipo de Cirene (n.435 a.C.), representante de un hedonismo absoluto.

Conciencia moral

Es la misma razón humana en tanto que juzga sobre la moralidad de los actos, sobre el bien y el mal. Manifiesta al sujeto la existencia de una norma ética objetiva: la ley natural. Se distingue entre conciencia cierta o dudosa, verdadera o errónea; su error puede ser vencible o invencible.

Conciencia psicológica

Capacidad humana de conocer la realidad y conocerse a sí mismo (autoconciencia). Puede escribirse *consciencia*.

Consecuencialismo

Postura ética de corte utilitarista. Sostiene que la moralidad de una acción depende únicamente de sus consecuencias efectivas o probables. Parece un criterio moral claro y verificable, pero no lo es en absoluto: sus propios defensores no se ponen de acuerdo a la hora de definir lo útil. Y si concuerdan en buscar «la máxima felicidad para el mayor número», tal principio sólo es aceptable cuando en la sociedad se aceptan normas básicas de conducta decente: ¿qué aplicación tendría el principio de máxima felicidad en una sociedad que pidiera el asesinato en masa de los judíos? (MacIntyre).

Consenso

Acuerdo mutuo entre personas de opiniones diferentes. Ante problemas éticos que afectan a varias personas con enfoques diferentes, debe buscarse el consenso, pero sabiendo que no es el acuerdo mutuo quien crea la ética.

Derechos humanos

Son los que pertenecen a todo ser humano por el hecho de serlo: el derecho a la vida, a la libertad, a la educación, a la integridad corporal, a la igualdad jurídica, a la honra, etc. Su respeto es exigencia de la dignidad humana y condición necesaria para la paz.

Destino

Fuerza desconocida a la que se atribuye influencia poderosa y arbitraria sobre el mundo y los hombres. También se la llama hado y fatalidad.

Dios

La Filosofía entiende por Dios la Causa de todo lo que existe, y le concibe como un Ser todopoderoso, eterno y providente. La idea de Dios muestra una característica sorprendente: está presente en la mente de todos los hombres, incluso en aquellos que niegan su existencia real. Dios no es susceptible de conocimiento directo, pero la razón puede aportar pruebas de su existencia; son famosas las cinco vías formuladas por Tomás de Aquino, recogidas de la filosofía griega.

Emoción

Afecto, estado de ánimo, movimiento interior que se traduce externamente. Puede ser producido por sensaciones, ideas o recuerdos.

Epicureísmo

Doctrina de Epicuro (341-271 a.C.) y Lucrecio (98-55 a.C.). Concepción materialista del mundo apoyada en el atomismo de

Demócrito. Propugnan un hedonismo matizado, compatible con cierto ascetismo.

Espíritu

Del latín *spiritus*: aliento o soplo vital. Corresponde al griego *pneuma y nous*. La producción de ideas y la toma de decisiones son características esenciales del ser humano, están entre los elementos más poderosos del mundo, y no son actos corporales: no tienen materia ni extensión, no se pueden medir ni pesar, no tienen color ni ocupan espacio. Por esos efectos conocemos una causa que está fuera de toda percepción sensible y que constituye esencialmente al hombre: el espíritu, una energía o inmaterial capaz de entender y querer.

Estado

En Filosofía política, la organización y estructura de gobierno de un país, la comunidad política organizada. Entre sus elementos esenciales: gobernantes y gobernados, territorio, leyes e instituciones propias.

Estoicismo

Escuela filosófica fundada por Zenón de Citium (Chipre, 333-262 a.C.); dictaba sus lecciones en un pórtico (*stoa*, en griego). El estoicismo recomienda la indiferencia ante el destino y las pasiones, la apatía e imperturbabilidad. Séneca, Epicteto y Marco Aurelio fueron los principales pensadores estoicos.

Ética

Parte de la Filosofía que estudia la conducta moral del hombre: el uso correcto de la libertad, orientado a la consecución de virtudes. En griego, *ethos* significaba acción y costumbre.

Evidencia

Del latín *evidentia*: lo que se ve. Es la claridad con que algo se manifiesta a la inteligencia, de forma que impone la adhesión a su verdad. Existen evidencias físicas, morales y metafísicas. Todos los criterios para diferenciar lo verdadero de lo falso se pueden reducir, en última instancia, al criterio de evidencia: no cabe certeza alguna que no implique realmente una evidencia objetiva.

Experiencia

Del latín *ex-perior*: obtener por medio de prueba. Se la suele identificar con el conocimiento sensitivo en el que se nos hacen patentes hechos singulares, pero también hay una experiencia intelectual que nos indica que entendemos, queremos y existimos.

Familia

En sentido amplio, conjunto de personas que conviven. En sentido propio, conjunto de personas que viven en unidad conyugal (esposos) y paterno-filial (padres e hijos).

Fe

Creencia en lo que alguien dice. Es un tipo de conocimiento donde no es evidente el objeto sino la autoridad de quien lo afirma. Dos elementos se dan por consiguiente en la fe: asentimiento a un contenido y confianza en una persona. La fe es creer algo a alguien. En el caso de la fe cristiana se cree a Jesucristo y a las personas que nos han transmitido su vida y sus palabras.

Felicidad

Plenitud de satisfacción; estado en que se satisfacen de manera completa y estable todas las apetencias, potencialidades y deseos del ser humano. La condición de «estable» es la que impide que pueda darse una felicidad completa en esta vida. Por eso, como la felicidad es un deseo natural universal, las antiguas culturas, tanto en Oriente como en Occidente, la conciben en relación con una existencia después de la muerte.

Filosofía

Su raíz griega significa amor a la sabiduría. Es un conocimiento racional y sistemático que intenta explicar toda la realidad por sus causas y principios más radicales. Abarca varias disciplinas: lógica, metafísica, teodicea, cosmología, psicología, ética, política y filosofía de la cultura.

Hedonismo

Del griego *hedoné*: placer. Doctrina que reduce la felicidad al placer orgánico y lo proclama fin supremo de la vida.

Humanismo

Cultivo o conocimiento de las letras humanas. Estudio de la condición humana y de sus creaciones. Ambas acepciones están presentes en la palabra *humanitas*: concepción grecorromana del hombre, que pasa a la Edad Media y a la modernidad. En sentido propio, doctrina de los humanistas del Renacimiento.

Ilustración

Movimiento filosófico y cultural del siglo XVIII europeo y americano, caracterizado por una confianza total en la capacidad de la razón para resolver todos los problemas de la vida humana: el progreso científico conquistaría la felicidad universal. Fue consecuencia del racionalismo y del auge de la ciencia moderna. En su seno nacieron la masonería, el despotismo ilustrado y la *Enciclopedia*.

Justicia

Del latín *iustitia*. Virtud cardinal que se define, desde Ulpiano, como constante y perpetua voluntad de dar a cada uno lo suyo. También es el conjunto de todas las virtudes, por el que es bueno quien las tiene. Es la garantía del bien individual (justicias conmutativa y distributiva) y del bien social (justicia legal).

Ley

El secreto para mantener la armonía social es la ley: un ordenamiento racional dirigido al bien común y promulgado por la autoridad legítima. Parece derivar del latín *ligare* (atar), en cuanto comporta cierta obligación, y de *legere* (leer), en cuanto que no es un capricho sino algo que se desprende de la naturaleza humana.

En griego se decía *nomos*: norma. «Por la ley no nos gobierna un hombre sino la razón» (Aristóteles); por eso «debemos defenderla como defendemos las murallas de la ciudad» (Heráclito). Toda ley es educativa y coactiva: enseña y obliga.

Libertad

Es ausencia de coacción, independencia; pero, sobre todo, es el autodominio con que el hombre gobierna sus propias acciones. En el acto libre entran en juego las dos facultades superiores del hombre: la inteligencia que conoce y delibera, y la voluntad que decide. La libertad reside propiamente en la voluntad, pero sin conocimiento de la verdad no hay libertad. Por ser el hombre un ser limitado, su libertad también lo es, al menos con una triple limitación fundamental, que también es protectora: física, psicológica y moral.

Mal

Se define negativamente como lo que se opone al bien. Alude a defecto, falta, privación de un bien debido. Entendemos comúnmente por mal todo aquello que contraría los deseos, exigencias o necesidades de los seres, originando, al menos en el hombre, sufrimiento y dolor. Hay males físicos y morales. El mal moral es debido al desorden de la voluntad libre. El origen y el sentido del mal es uno de los problemas insolubles de la Filosofía.

Matrimonio

Institución que consagra la unión estable de un hombre y una mujer.

Moral

Del latín *mos, moris*: costumbre. Es el estudio filosófico y teológico de la conducta humana en relación con su bondad o malicia. Funda sus juicios en criterios universales que proceden de dos fuentes con importantes puntos en común: la voluntad divina y la razón humana. La moral filosófica es equiparable a la ética, y deriva del estudio de la naturaleza humana y de la experiencia.

Muerte

Constituye una de las coordenadas fundamentales de la existencia humana, y por eso se ha contemplado desde todas las facetas imaginables: desde la fría descripción biológica hasta el supremo significado religioso. Santayana dijo que «una buena manera de probar el calibre de una filosofía es preguntar lo que piensa acerca de la muerte». En cualquier caso, escapa a todo intento de comprensión racional exhaustiva, pues la mente humana queda encerrada en una experiencia siempre anterior. Dada la posibilidad metafísica de supervivencia, el hecho de morir sólo expresa el carácter irreversible del cambio.

Nihilismo

Del latín *nihil*: nada. Negación de cualquier verdad y de cualquier valor moral o político. Una especie de negación dogmática de la misma realidad. Nace en Grecia, de la mano de sofistas como Gorgias, Trasímaco y Calicles, y llega hasta Nietzsche.

Normal

Que respeta la norma (*nomos*, en griego). Equivale a natural, y no debe confundirse con lo mayoritario.

Objetivo

Lo que existe realmente, fuera del sujeto que lo conoce. Relativo al objeto en sí y no a nuestro modo de pensar o sentir. Se opone a subjetivo.

Obligación moral

Carácter imperativo de la ley moral y de los actos necesarios para cumplirla.

Optimismo

Leibniz afirma, en su *Teodicea*, que el mal debe ser juzgado según la infinita bondad de Dios, que ha creado el mejor de los mundos posibles, un mundo *optimum*. La creación es, pues, «óptima», y el optimismo se refiere, en este caso, al reconocimiento de dicho carácter. Voltaire piensa lo contrario, pero el mal que le lleva al «pesimismo» es el causado por la imbecilidad humana. Las cosas pueden mejorar si combatimos la imbecilidad y fomentamos la razón, dice. Voltaire es, en este sentido, un «meliorista».

Pasión

Del griego *pathos* y del latín *passio*: padecer, ser afectado. En Aristóteles es la categoría o modo de ser contrario a la acción. La psicología clásica designa como pasiones del alma ciertos estados afectivos: movimientos anímicos violentos en favor o en contra de alguien o de algo, afectos intensos que se centran en personas, cosas o ambientes. Su protagonismo en la conducta humana es constante, y también sus connotaciones éticas. Entre las pasiones más frecuentes: el amor, el deseo, el gozo, la esperanza, y sus contrarios.

Persona

La máscara que usaban los actores en el teatro se llamaba *prosopon* en griego, y *persona* en latín. Servía para dar resonancia a la voz y para identificar al personaje que representaba. Todo eso significa «persona»: el que representa un papel, y también la interioridad que actúa en nosotros tras la fachada corporal. Es clásica la definición de Boecio: «sustancia individual de naturaleza racional». La dignidad de la persona se ha hecho derivar de su condición inteligente, libre y responsable, y en último caso de su condición de criatura divina.

Placer

Satisfacción física o anímica producida por muy diversas causas: desde el sabor de un buen vino hasta la práctica del deporte o la conversación con una persona amiga. Se opone a dolor, y el binomio placer-dolor constituye uno de los principales resortes de la conducta humana, pues por naturaleza buscamos el placer y rehuimos el dolor. La confusión del placer con el bien se llama hedonismo, y su control racional se llama templanza.

Providencia

Providentia significa en latín visión anticipada de lo que puede ocurrir. En sentido teológico y filosófico, acción de Dios sobre el mundo, sabiduría divina que rige y conserva el mundo.

Prudencia

Virtud cardinal que consiste en ser capaz de poner en práctica el conocimiento teórico del bien. Es como el marco de todas las demás virtudes (*genitrix virtutum*). Es una virtud teórica y práctica, pues empieza conociendo y termina actuando. Requiere dominio de lo que se hace, experiencia, conocimiento de los principios morales, reflexión ponderada, atención a las circunstancias, petición de consejo, decisión y ejecución. La palabra «prudencia» procede del latín *providentia* y *providere*: prever.

Psicoanálisis

Término concebido por Freud como «método para la investigación de procesos anímicos», y como «método terapéutico de perturbaciones neuróticas». Pero también es una teoría antropológica global, una interpretación que reduce todas las dimensiones de la vida humana a las tensiones entre el *principio del placer* (manifestación del instinto sexual) y el *principio de realidad*, que constantemente se opone al placer. El propósito de Freud era, según sus propias palabras, «hacer de la teoría sexual un dogma, una fortaleza inexpugnable». Hoy se reconoce en el psicoanálisis un grave lastre apriorístico y artificial.

Psicología

Del griego *psyché* (alma) y *logos* (tratado). Hasta hace poco se definía como la parte de la Filosofía que estudia el alma y sus facultades. Hoy, por los nuevos medios de observación y experimentación, el campo de lo psicológico tiende a ceñirse a los fenómenos psíquicos observables, y hace posible la existentcia de psicologías empíricas, fisiológicas, analíticas, clínicas, etcétera.

Psicosomático

Lo que afecta o procede simultáneamente del cuerpo y del espíritu. Hay enfermedades psicosomáticas, y se piensa que todas lo son en cierta medida.

Real, realidad

Real equivale a «lo que es», pues proviene del latín *res*: cosa, objeto, lo que existe. Decir que algo es real es reconocer su existencia. Se opone a aparente, potencial y posible. También significa, por contraposición a ideal y mental, lo que tiene existencia objetiva, fuera de la mente. La realidad es el carácter objetivo, no imaginario, de lo existente; y también el conjunto de todas las cosas existentes, físicas y psicológicas.

Relativismo

Se refiere tanto al conocimiento como a la moral. En sentido epistemológico es la tesis que niega la existencia de verdades absolutas, universales y necesarias: todas las verdades son relativas para el relativismo, dependen de diversas condiciones y circunstancias que las hacen particulares y cambiantes. Es claro que todo en la realidad es relativo en el sentido de que todo está relacionado; pero la realidad, siendo relativa, es objetiva al mismo tiempo; en cambio, el relativismo niega la posibilidad de establecer verdades objetivas.

Relativismo moral

Afirma que no hay nada de lo que podamos decir que sea bueno o malo absolutamente. De ser cierto, todas las acciones podrían ser buenas; y también podrían ser buenas y malas a la vez; todas las leyes podrían estar equivocadas, y debería imponerse el «todo vale». Si no hubiese absolutos morales tampoco tendría sentido hablar de moral.

Religión

Da respuesta, desde la fe, a las principales preguntas de la Filosofía. Para san Agustín viene de *religare*, que significa unión o enlace, implicando tanto las obligaciones de culto como la relación del hombre con Dios. Subjetivamente, la religión es la adhesión intelectual a las doctrinas religiosas y la aceptación voluntaria de sus normas. Esta es la razón de que la religión se entienda como verdad y como vida. La actitud propia de la persona religiosa se resume en la adoración: reconocimiento de la soberanía infinita de Dios y manifestación cultual de ese reconocimiento.

Represión

Freud escribió que «la represión es el pilar sobre el que reposa el edificio del psicoanálisis», y pensó que es la causa principal de las neurosis. Consistiría en apartar de la conciencia y mantener en el inconsciente tendencias que el sujeto se niega a satisfacer por razones morales. Pero la experiencia clínica posterior ha puesto de manifiesto todo el apriorismo de esta tesis y la importancia de su contraria: el carácter terapéutico de un razonable sentimiento de culpa.

Responsabilidad

Del verbo latino *respondere*: responder. Es la obligación y la capacidad de asumir las consecuencias de los propios actos libres, de responder por ellos. ¿Responder ante quién? La respuesta clásica dice: ante los demás, ante la sociedad y ante Dios, en la medida en que nuestros actos les afecten. La responsabilidad es inseparable de la libertad: si ésta es la capacidad de elegir, aquélla es la aptitud para dar cuenta de esas elecciones.

Sentimientos

Estados de ánimo influidos por formas de placer o dolor referidas a valoraciones no sensibles. Son más suaves y duraderos que las sensaciones, y hacen más referencia al pensamiento y a la imaginación que a la conducta motora. Constituyen el supuesto radical de toda experiencia interna, y son independientes de cualquier regulación voluntaria: el sujeto sólo percibe sus efectos. Son agradables o desagradables, y en esto radica su peculiaridad. Pueden ser muy elementales (emociones) y muy complejos (felicidad o depresión).

Sexualidad

Actividad específica y directamente relacionada con la condición sexuada de los seres vivos diferenciados morfológicamente en orden a su reproducción. Si es instintiva en los animales, en la especie humana, aun cuando supone y reclama un instinto básico, tiene connotaciones profundamente morales y psicológicas.

Subjetivismo

Primacía excesiva de lo subjetivo. Actitud del que no juzga las cosas y los acontecimientos con objetividad, sino con una marcada deformación subjetivista. Viene a ser una forma de escepticismo y de relativismo. Afecta al conocimiento de la realidad, a los juicios de valor y a los criterios que guían la conducta personal.

Superhombre

Nietzsche pudo tomar esta palabra de Luciano (II d.C.), de Herder o del *Fausto* de Goethe. Designa con ella al tipo de hombre que en el futuro se atreverá a sacudirse la idea de deber, superará la visión moral y religiosa de la vida, afirmará la muerte de Dios y creará sus propios valores. Este tipo de hombre pertenecería a la raza aria y aplastaría la moral «de los cristianos, de los ingleses, de las vacas y otros demócratas». Estas ideas tuvieron importante influencia en el nazismo.

Temperamento

Manera de ser y de obrar. Rasgos innatos que configuran el modo de ser de una persona, resultantes de su constitución psicológica y ligados a factores bioquímicos, endocrinos y neurovegetativos. Se tiende a veces a sobrevalorar su importancia en la conducta humana, con detrimento de la libertad y la responsabilidad. La suma de temperamento y carácter constituye lo que llamamos personalidad. Los estudios sobre el temperamento se remontan a Galeno e Hipócrates.

Templanza

Del latín *temperantia*: moderación. Cualidad moral ampliamente tratada desde Platón y Aristóteles. Virtud cardinal que lleva a moderar razonablemente los placeres y las pasiones, a no confundir el placer con el bien. Se llama *sobriedad* cuando se refiere a los placeres de la comida y de la bebida, y *castidad* cuando el gobierno racional se ejerce sobre el instinto sexual. Séneca dice que la primera víctima de la destemplanza es la propia libertad.

Tendencia

Del latín *tendere*: dirigirse hacia. Fuerza que se orienta por sí misma. En psicología, actividad espontánea, precedida casi siempre de cierto conocimiento del objeto que atrae. La palabra *tendencia* engloba lo que, de forma más o menos precisa, designamos con el nombre de instintos, apetitos, impulsos, motivaciones y pasiones. En el hombre se dan tendencias sensitivas y tendencias racionales. Entre las más importantes: el deseo de saber, de amar y de crear, el egoísmo y la compasión, el deseo de placer, de poder y de estima, la aversión al dolor y el instinto de conservación.

Valor, valores

Valor es la condición de algo que sirve y es deseable. Entre sus principales acepciones, la económica, la matemática, la filosófica, la psicológica y la ética. Es uno de los conceptos que fundamentan la Economía. Para la ética es el bien; para la estética, la belleza.

Verdad

Del latín *veritas*: adecuación, conformidad. La verdad está en la realidad (verdad *ontológica*) y en el conocimiento (verdad *lógica*). A diferencia de lo irreal, aparente o ilusorio, de las cosas reales se dice que son verdaderas. El conocimiento y las proposiciones son verdaderos cuando se ajustan a la realidad. También se habla de verdad *moral* para expresar la conformidad entre lo que se dice, lo que se hace y lo que se piensa. El respeto a la verdad es uno de los elementos fundamentales de la personalidad humana, de la convivencia y de las sociedades.

Vida

Concepto que se adquiere espontáneamente al contemplar un mundo lleno de seres que se mueven por sí mismos. Es propio de los seres vivos –vegetales, animales y racionales– desarrollar su existencia entre el nacimiento y la muerte, integrando en ese tiempo procesos de crecimiento y reproducción que no se dan en los seres inertes. La vida incluye, además, actividad, organización funcional y mantenimiento de la forma estructural individual a través de los cambios corporales constantes. Al principio formalizador de un cuerpo vivo, irreductible a la materia, se le denomina *alma*.

Virtud

Del griego *areté* y del latín *virtus*: fuerza. Desde muy pronto fue entendida como hábito, propiedad o manera de ser de una cosa (hay plantas con virtudes curativas). Se dice propiamente del hombre, y tiene un sentido ético: hábito operativo bueno. Aristóteles distinguió entre virtudes éticas e intelectuales. Tomás de Aquino añadió las teologales, que tienen a Dios por Objeto. Ambos dedicaron a las virtudes estudios minuciosos. San Agustín propuso una definición que se hizo célebre: «Orden del amor».

Virtudes cardinales

La moral llama cardinales a las cuatro virtudes naturales más importantes: la prudencia, la justicia, la fortaleza y la templanza. Su máxima importancia es conocida desde Platón.

Voluntad

Del verbo latino *volo*: querer. Significa tanto la voluntad de querer como el acto de querer o volición. Entendimiento y voluntad son las dos facultades superiores del hombre, las que gobiernan toda la actividad propiamente humana. Voluntario es lo que procede de un principio intrínseco con conocimiento del fin. Por tanto, no es voluntario lo violento, lo no viviente y lo viviente no cognoscitivo. El atributo de la voluntad es la libertad: la potestad de elegir entre los medios más adecuados para alcanzar el fin propuesto.

Yo

Realidad a la que se refieren todos los hechos psíquicos de la vida humana. Principio metafísico al que atribuimos lo que sentimos, pensamos, hacemos y somos. Puede entenderse como la conciencia de la propia individualidad.

Índice onomástico

222

Índice de temas*

* Los números remiten al epígrafe, no a la página.